10万人を見てわかった!

自分の脳に合った勉強法

The study method that fits your brain

株式会社プロ・アライブ代表取締役社長
小沼勢矢
Seiya Konuma

フォレスト出版

はじめに

「学び方」を学ぶと、効果が変わる

本書は、**「効果的な学び方」**について書いた本です。

「学ぶ」という行為は、私たちがこの世に生を享けてから人生の最後の瞬間まで、生涯を通して続ける崇高な行為です。

親から学び、先生から学び、友人から学び、先輩や上司から学び、人生の師とも言えるメンターから学ぶ……。

このように、人生は「学ぶ」ことの連続であると言っても過言ではありません。

しかし、生涯続く行為であるはずの学びですが、そもそもの「学び方を学ぶ」機会は、現代の日本の教育においてはほとんど享受することができないのではないでしょうか。

数学や国語など、学ぶ〝コンテンツ〟はたしかに充実したものが揃っています。特に大学などは、構内環境も含めて魅力的なコンテンツを用意することが、学生の人気を博す1つの要因もなっています。

また、最近は授業そのものの内容ではなく、進学塾の人気講師陣がメディアでも頻繁に取り扱われるなど、その〝教え方〟にも注目が集まるようになってきました。教え方がうまい先生には人気が集中し、毎回の授業では立ち見の生徒まで出ています。

その一方で、コンテンツを受け取る側である生徒や、私たちビジネスパーソンの「学び方」はどうでしょうか？

「学び方を学ぶ」という機会もろくに得られないまま、言われるがままに、先生や学校から与えられたコンテンツを学んできたというのが、実態ではないでしょうか。本書を執筆するに至ったキッカケは、そんな想いが私の根底にあったからでした。

TOEICスコア350点からたった4カ月で915点に伸びた「学び方」

私は現在、都内でコンサルティング会社を経営しています。**年間で500名以上の方々**にお会いし、コンサルティングやセミナーなどの現場で、**脳科学界の「ドラゴン桜」**と称され、私の師匠でもある**石川大雅氏が開発した脳科学メソッド**を交えながら、あらゆる課題や問題解決のご支援をさせていただいています。

主に私がかかわる分野は、企業や社会人の方々を対象にした能力開発や人材育成といった分野なのですが、大学生向けに講演をさせていただく機会もあります。

今でこそ私は、こうして人をご支援させていただく立場にあるわけですが、何も最初から勉強ができたり、好きだったりしたわけではありません。むしろ、どちらかと言えば勉強は苦手で、できることなら避けて通りたいとすら考えていました。

私は、地元の外語大学に進学して英語を専攻していたのですが、大学1年生当時の私は、まったく英語ができませんでした。その大学ではＴＯＥＩＣという国際英語コミュニケーション能力テストをクラス分けの基準にしていたのですが、入学当初の私のＴＯＥＩＣスコアは、なんと３５０点。３５０点と聞くと何やらすごそうに聞こえますが、ＴＯＥＩＣはそもそも９９０点満点のテストです。そのため、この３５０点という点数は、ＴＯＥＩＣスコアの中では最も低いランクに属します。ましてや、外語大学の英語専攻を志す学生としては、絶望的な点数と言ってもいいでしょう。

そんな私でしたが、ある出来事をキッカケに勉強に目覚め、約4カ月間の勉強の末、ＴＯＥＩＣスコアを９１５点にまで伸ばすことに成功します。あのときの感動は、今でも忘れません。ちょうど20歳にして、勉強することのおもしろさを心の底から初めて味わった瞬間でした。

それから約10年間、「学ぶ」という行為は、まさに私の人生を大きく変えてくれました。学ぶことによってたくさんの発見や気づきがあり、自分の見える世界も大きく変わりました。そして今では、そこで得た知見をセミナーやコンサルティングの現場で活用し、クライアントや受講生の皆さんの成果にもつなげています。10年前の私だったら、現在の自分の姿を決して想像はできないと思います。

「学ぶ」という行為は、それだけの可能性を秘めているのです。

自分に合った学び方がある

「学び方」にもいろいろあるのですが、**誰にも効果があるもの**と**個人ごとに効果があるもの**が存在します。

それは、あなたの「脳」に秘密があります。

Aさんの脳、Bさんの脳、Cさんの脳は、特性がそれぞれ違います。つまり、Aさんに効果的な学び方は、必ずしもBさんやCさんにとって効果的な学び方ではない可能性があるのです。**自分の脳に合った、効果的な学び方が存在する**のです。

詳しくは本書で解説していきますが、脳の特性は、大きく3つのタイプに分かれます。

あなたの脳の特性がどのタイプなのかを把握し、それに合わせて学ぶだけで、あなたの**記憶力**、**集中力**、**やる気**、**アウトプット力**など、各種試験や勉強に必要な脳力が飛躍的に上がるのです。

本書では、あなたの脳に合った学び方を見つけながら、具体的な勉強法をわかりやすく解説していきます。

本書で扱っている学び方は、次のように構成されています。

まず**第1章**では、学び方や勉強について多くの人が抱く「なぜ?」に、私が専門としている脳科学の観点から解説をしています。この第1章を読むだけで、これまで常識としていた勉強に対する概念が大きく変わる人もいるでしょう。

第2章では、あなたの脳に合った勉強方法がわかる、診断テストを設けています。勉強ノウハウを説いている本は巷にあふれていますが、そもそもその勉強法があなたの脳に合っていなければ、学習の効果を最大限に高めることはできません。

あなたの脳に合った勉強法を実践するからこそ、勉強での成果を最大限に活用することができるのです。ぜひこの章であなたの勉強タイプを知り、今後の学習に役立ててください。

第3章～第5章では、勉強という行為を時間軸上の3つのフェーズに分けて、それぞれのフェーズにおける具体的な勉強ノウハウを示しています。

第3章は、勉強中の成果を最大化する「レディネス（準備）学習」について解説をしています。実は、勉強の成果を最大限に高めるには、効果的な準備が必要不可欠です。この準備を怠ると、いくら勉強をしても成果は上がりません。

第4章では、勉強中のパフォーマンスを最大化するノウハウや考え方について、明日からでも取り入れることのできる内容を公開しています。どれか1つを取り入れるだけでも、勉強中の成果は大幅に飛躍することが期待されます。

そして**第5章**では、勉強で学んだ内容をいかに定着させるかについて、脳科学的な観点から解説をしています。勉強後の振り返りは、学習内容の定着に必須です。効果的な振り返りの方法について、ぜひこの章で学んでください。

本書は、私の実体験や脳科学という専門知識、そしてコンサルティングやセミナーでの実践知をかけ合わせたエッセンスが散りばめられています。**日々勉強に励む受験生**や、**資格取得や自己研鑽を積んで成長を志すビジネスパーソン**へ向けての想いを込めて書きました。

そんな方々のこれからの学びに、本書が少しでもお役に立てれば幸いです。

自分の脳に合った勉強法◎目次

第1章　なぜあの人は、勉強がデキるのか？

第2章 自分の脳に合った勉強法

第3章

学習効果を最大化する「レディネス学習」

第4章 脳力を最大化する勉強法

第5章 「思い出す力」を高める振り返り学習

おわりに

装幀◎河南祐介（FANTAGRAPH）
本文＆図版デザイン◎二神さやか
ＤＴＰ◎株式会社キャップス

第 1 章

なぜあの人は、
勉強がデキるのか？

同じ時間をかけて同じ問題集を解いているのに、成果が違うのはなぜ？

「なぜ、あの人はあんなに勉強がデキるんだろう？」

そんなことを感じたことはありませんか？

同じ授業を受けて、同じ時間をかけて、同じ問題集を解いているはずなのに、目に見える成果はまるで違う……。

できることなら、自分もあの人と同じように、より少ない時間で効率的に勉強がしたい！

本書を手に取ってくださったあなたなら、このような願望を少なからずお持ちのはずです。

その気持ち、とてもよくわかります。できることなら、少ない時間で最大限の勉強の成果を上げたいですよね。

では、勉強がデキる人とそうでない人の違いは、いったいどこから生まれるのでしょうか？

生まれ持った地頭の良さでしょうか？

良い先生や教材に恵まれているからでしょうか？

それとも、勉強のやり方に違いがあるのでしょうか？

たしかに、これらどれもが正解だと思います。

しかし、私は、こう考えています。


勉強がデキる人とそうでない人の違い。

それは、**「自分の脳に合った勉強法をしているかどうか」**だと。


自分の脳に合った勉強法を取り入れている人は、少ない時間で最大限の成果を上げることができます。

逆に、**自分の脳に合っていない勉強法をいくら続けたところで、思うような成果を**

上げることはできません。

私は、コンサルティングやセミナーなどで、年間５００名以上の受講生の方とお会いします。

その受講生の中には、学んだことをすぐに実践して成果につなげることができる人もいれば、なかなか結果の出ない人もいます。

この仕事を始めた当初は、両者の違いがどこから生まれているのか、見当もつきませんでした。

しかし、結果の出る受講生とそうでない受講生の違いを注意深く観察しているうちに、その違いが「自分の脳に合った勉強や学び方をしているかどうか」であることに気づいたのです。

まずは、そのキッカケとなったエピソードをご紹介したいと思います。

自分の脳に合った勉強をしていたKさん、他人の真似ばかりしていたNさん

あるとき、私のセミナーに参加してくれたKさんとNさんという男性がいました。

この2人は、年齢も近く、お互いをいい意味でライバル視しながら切磋琢磨して学んでいたのですが、その結果には大きな違いが見られました。

Kさんは、セミナーで学んだことをすぐに自分のものとして実践し、自分の成果へとつなげていきました。Kさんは会社経営をしている経営者でしたので、セミナーで学んだ内容を自社の社員育成に活用して、ぐんぐんと売上を伸ばしていきました。過去最高益にも到達したと、喜んで報告も受けました。

しかし、一方のNさんは、なかなか思うような成果が出ません。セミナーでの最中は必死に学び、終わった後もきちんと振り返りをしているのですが、それでもなかなか結果には表れないのです。

具体的な行動に移せなかったり、行動を起こしても中途半端で終わってしまったり。要因はさまざまでしたが、いわゆる伸び悩みの状態が続いていました。

そんな状況を見ていて、Nさんをなんとか支援したいと思った私は、あることを思いつきます。成果の出ているKさんに、その秘訣をインタビューしてみようと考えたのです。

「どのような学び方や考え方をしたから、ここまでの成果が出せるようになったのか？」

Kさん本人に直接インタビューをしてみることにしたのです。

すると、Kさんは次のように答えてくれました。

「小沼さん、**私は自分に合った学び方をなんとなくわかっているんです**。だから、セミナーで学んだ内容をすぐに実践して結果につなげることができているんだと思います。セミナーの内容を自分のものにすることができている、とでも言いましょうか。

例えば私の場合は、**雨の音をイヤホンで聞きながら勉強や仕事に取り組むと、ものすごく集中できる**んです。音楽を聞いてもまったく集中できないのですが、雨の音だけは私の集中力を最大限に高めてくれるのです。

そのことがわかっているので、仕事で集中したいときや、セミナーの内容を振り返りながらブレインストーミングをするときには、いつも雨の音を聞きながら振り返りをしています。そうすると、次々と自社の事業を伸ばすための具体的なアイデアが浮かんでくるのです」

このように、**「どのようにしたら、自分が集中できるか」**ということを、Kさんは見事に自覚していたのです。

一方、私はNさんにも同じようにインタビューをしてみました。

しかし、Nさん自身は、Kさんのような勉強法を確立していませんでした。

「これまでも、何度か効率的な勉強法を試みてはきました。音楽を聞きながらやると集中できると聞いたときも、すぐに実践してみました。けれど、音楽を聞きながらやると、逆に集中できずに思考が止まってしまうんです。

別の方法も試しました。座りながらではなく、立ちながら勉強すると頭が冴えやすいという話も聞いたので、それも実践してみました。

しかし、それでも集中力が続くことはなく、結局は何をやってもダメなのです。小沼さん、やはり私には能力がないのでしょうか……」


Nさんは、私のインタビューに対してこのように答えました。

そこで私は、この2人へのインタビュー内容からあることに気づいたのです。

つまり、**Kさんは自分に合った勉強法を自覚して実践**しており、きちんと成果につなげています。

一方の**Nさんは、他人が良いと言っている勉強法の真似をしているばかりで、本当の意味で自分にとって効果的な勉強法が確立できていない**のです。

最短で最高の成果を出す勉強法

このエピソードが、私にある仮説をもたらしました。

「そうか、**成果が出る人とそうでない人の大きな違いは、自分の脳に合った学び方をしているかどうか**なのか！」

成果が出る人は、自分にとって効果的な勉強法や学び方を確立していて、それを着実に実践しているから、大きな成果につなげることができているのです。

一方、成果が出ずに苦しんでいる人ほど、他の人が推奨しているノウハウを必死に学びとり、それを繰り返しています。しかし、それが自分に合っていなければ、結局は結果につながりません。結果が出ないので、また同じように新たなノウハウを学ぶという負のスパイラルへと突入する。こんなことを繰り返しているので、なかなか成果が出ません。

それから私は、コンサルティングやセミナー受講生に会うたびに、その人がどのような学び方をしているかに興味を持ち、注意深く観察をしてきました。

その過程の中で、「成果が出る人は、自分の脳に合った勉強法をしている」という思いは確信に変わりました。

逆に、なかなか成果の出ない人ほど、自分の脳の特性やパターンもわからないまま、他人の真似ばかりをして勉強や学びを繰り返していることも同時に痛感しました。

本書では、**できるだけ少ない時間で最大限の成果を出すための、自分の脳に合った勉強法**をどのように身につければいいのかについて、ステップバイステップでお伝えしていきます。

自分の脳に合った勉強法を実践していれば、勉強での成果は飛躍的に向上します。ぜひ、楽しみに読み進めてください。

なぜあの人は、記憶力がいいのか？

さっそく勉強法の内容に入りたいところなのですが、その前に、私が受講生の皆さんからよく聞かれる「勉強についての疑問」にお答えしたいと思います。

これらの疑問にお答えすることで、より**合脳的（脳の機能により合っている）な勉強法**を理解することができます。これらを少し意識するだけでも、勉強での成果は大きく異なるでしょう。

では、最初の質問にいきます。

最初の質問は、「記憶力が良い人と悪い人の違いは、いったい何ですか？」というテーマです。

本書をお読みのあなたも、できることなら記憶力を高めたいと思われていることと思います。

ただし、ここであなたにお伝えしたいことがあります。

それは、

「人間は忘れて当たり前の生き物である」

ということです。

この事実を発見したのは、19世紀のドイツの実験心理学者エビングハウス氏です。

エビングハウス氏は、無意味なアルファベットの配列3文字を被験者にたくさん記憶させ、それが忘れられていく時間と量を調べてグラフにしたのです。

その実験結果によると、人は記憶したことを20分後には4割以上忘れ、1日後には7割以上を忘れてしまいます。

つまり、放っておけば、その日のうちに大半の記憶が消滅するということです。

人間は忘れて当たり前の生き物
エビングハウスの「忘却曲線」

エビングハウス（ドイツの心理学者）は、被験者に「無意味なスペル」を記憶させて（一度限りの学習）、その記憶が時間の経過とともにどのように変化するかを研究した。

脳は忘れるようにできている！

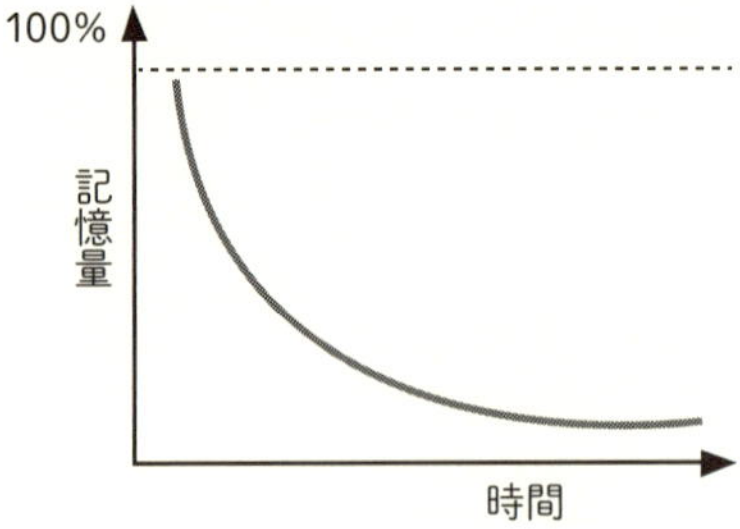

・20分後には、**42%**を忘却し、58%を覚えていた
・1時間後には、**56%**を忘却し、44%を覚えていた
・1日後には、**74%**を忘却し、26%を覚えていた
・1週間後には、**77%**を忘却し、23%を覚えていた
・1カ月後には、**79%**を忘却し、21%を覚えていた

・2回目の学習は、1回目の学習の2割以下の労力で、1年後の記憶量は倍増する。
・1年間記憶を維持するためには、平均4回～5回繰り返して学習をすること

・1回目：まず覚える
・2回目：1時間後に繰り返す
・3回目：1日後繰り返す
・4回目：1週間後に繰り返す
・5回目：1カ月後に繰り返す
・1回目：予習する
・2回目：授業で学ぶ
・3回目：帰宅後に復習する
・4回目：1週間後に繰り返す
・5回目：1週間後に繰り返す

記憶力がいい人を定義するのであれば、「物事をいかに覚えているか」という視点で考えるのはナンセンスです。

なぜなら、人の脳はそもそも忘れるように設計されているからです。

記憶力がいい人というのは、「物事をいかに思い出すかという、思い出す力に優れている人」と定義できるでしょう。

覚えることよりも、思い出しやすくすることに注力する。

このことを知っておくだけでも、記憶力に関する前提が大きく変わる方もいるかもしれません。

思い出しやすい状況をつくる秘策

では、いかにして思い出しやすい状況をつくるのか？

脳科学的に言うと、私たちの学習効果は2つの要素のかけ算で定義されると考えられています。

それは、**「繰り返し×インパクト」**です。

この2つの要素を高めれば高めるほど、学習効果は高まります。

「繰り返し」とは、まさに反復学習などがこれに当たります。単語を繰り返し読み上げて覚えたり、試験のための練習問題を何度も繰り返し解いたり。このような反復学習は、繰り返しの要素を高めている学習の最たる事例と言えるでしょう。

では、もう1つの**「インパクト」**とは、どのようなことなのでしょうか。

ここで言うインパクトとは、**「学習の際に気持ちや感情などの〝感覚〟が伴うこと」**を指します。つまり、ただ単に繰り返し学習をしているよりも、気持ちや感情などが伴った学習が、より脳にはインプットされやすいということです。

例えば、ただ単に英単語の暗記を繰り返しているのではなく、例文を伴ったエピソードを読み込みながら覚えることで、私たちの脳には気持ちや感情が伴いやすくなります。

好きな映画や小説には、心を動かされますよね。これと同じで、ストーリーには人の気持ちや感情を想起させる力があるからです。

このように、気持ちや感情などの感覚を伴った学習を繰り返すことで、学習効果のもう1つの要素である「インパクト」を高めやすくなります。

記憶力が良い人、つまり、学んだ内容を思い出す力に優れている人たちは、繰り返し学習することはもちろんのこと、感覚という要素を勉強の際にうまく取り入れていると言えるでしょう。

本番で緊張してしまう大きな理由

試験に向けて一生懸命勉強してきたのに、いざ本番となると頭が真っ白になって、本来の力が全然発揮できなかった……。

このような経験、あなたにはありませんか？

本番に向けてたくさんの勉強をしてきたのに、その力が発揮できないことほど、もったいないことはありませんよね。

実際、私のセミナー受講生さんの中でも、「本番になるとどうしてもあがってしまうんですけど、なにか対処する方法はありませんか？」といった類の質問をよく受けます。

この質問に対して、脳科学的な観点から私なりの解説をします。
まず、本番で緊張してしまう大きな要因を1つ申し上げると、

「本番を想定したリハーサル不足」

であることが挙げられます。

机の前で過去問などを解いているときに、いくら高得点をたたき出せたとしても、それはあくまでも練習でしかありません。練習と試験本番とでは、あらゆる状況が異なります。

まず、試験を受講する会場の場所が、そもそも練習とは異なります。試験開始時間もあらかじめ決まっているでしょう。

当日は、自分だけではなく、同じように試験合格を目指す受験生もたくさんいます。当日の服装や筆記用具も、もしかしたら今日とは違うかもしれません。

このように、**練習と本番では、あらゆる状況が異なる**のです。

これらをすべて加味して、**本番を想定したリハーサル練習を重ねることが重要**です。

例えば、私の受講生のSさん（男性）は、TOEIC試験の際に、このリハーサル練習を徹底的に重ねてうまくいったエピソードを私に教えてくれたことがあります。

Sさんは、極度のあがり症で、試験本番になると練習の半分の力も出せずに、毎回悔しい思いをしていたそうです。

そこで私が、リハーサル練習を重ねて本番対策をするといいとお伝えしたところ、事前に試験会場（当時は某大学の教室がＴＯＥＩＣの試験会場として使用されていました）に足を運び、自宅から会場までのルートや、教室の雰囲気などを実際に感じ取ったと言っていました。

それだけではなく、ＴＯＥＩＣ当日の試験開始と終了時間に合わせて模擬試験を解く練習を何度も重ねて、その際は当日の服装や筆記用具とすべて同じ物を使用していました。

極めつけには、本番当日と同じスケジュールを想定して試験会場に実際に足を運び、他の学生に紛れてＴＯＥＩＣの過去問を解いていたと言います（笑）。

このようなリハーサル練習を重ねた結果、Sさんは練習と同じかそれ以上の成果を発揮することができ、最終的にはＴＯＥＩＣで９００点以上のスコアを取得することができたのです。

脳科学的に「緊張を和らげる」方法

「リハーサル練習をする」ことは、脳科学的に見ても理にかなっています。

私たちの脳の神経細胞の数は、千数百億個にのぼると言われています。その神経細胞の間には「シナプス」と呼ばれる神経回路があり、このシナプスが接合することにより脳内では情報の伝達が行なわれています。

そして、このシナプスにはある特徴があります。

それは、**「繰り返し活用しているシナプスは、強化学習によって太くなり、再現性が高まる」**ということです。

何度も繰り返し学習することで特定のシナプスが強化され、いつでも同じ成果が出せるようになる（再現性が高まる）というのがシナプスの特性なのです。

野球をイメージしてみてください。

最初はキャッチボールすらうまくできなかった子どもたちが、練習を重ねることでほとんど意識をしなくてもキャッチボールが自然とこなせるようになります。これも、キャッチボールをするというシナプスが発達することにより、再現性が高まっているという証拠なのです（なお、運動機能の場合は、主に小脳という部位が司っています）。

これは、試験勉強でも同じです。**できるだけ本番に近い形でのリハーサル対策をすることによって、そのシナプスが強化されていきます**。その結果、ほとんど緊張をしなくなるのです。

勉強のやる気が続く脳のメカニズム

頭では勉強をするべきなのはわかっているのに、どうもやる気が続かず、すぐに勉強の手が止まってしまう。こんな経験は、誰もが一度はあるのではないでしょうか？

いつもやる気に満ちあふれた状態で勉強ができたらいいのに、そう簡単にはいかないのが実際のところですよね。

しかし、この点についても、脳科学的なメカニズムを知っていれば、通常よりも長い時間やる気を保つことが可能になります。

やる気というのは、「ドーパミン」という神経伝達物質が担当しています。このドーパミンが分泌されているときは、人は喜びや快楽といった感情を感じとり、常にやる気に満ちあふれた状態で活動をすることができます。

ということは、**いかにドーパミンが分泌されている状態を維持するかが、勉強においてやる気が集中するポイント**になります。

この状態が持続できれば、常にやる気に満ちた状態で勉強にも意欲的に取り組むことができ、ひいてはそれが結果となって表れるのです。

「やる気」を高い状態のままにするコツ

では、ドーパミンを分泌させてやる気が高い状態を維持するにはどうすればいいのでしょうか?

ポイントは、**「小さな成功を積み重ねる」**ということです。

小さな成功を積み重ねるという行為を繰り返すと、脳内ではドーパミンが分泌されます。勉強の場合であれば、「今日は30分間資格試験の勉強をするぞ!」と決めたのであれば、30分後にタイマーをセットして、その時間は勉強に集中できたら、自分に

何かしらのご褒美を上げるのです。

「好きなお菓子をひと口食べる」でもいいし、「5分間の休憩をとってリラックスする」でもいいでしょう。

このように、小さな成功を積み重ねた自分にご褒美をあげることで、脳は達成感を感じます。達成感を感じると、脳内ではドーパミンが分泌されやすい状態になります。

この他にも、小さな成功を積み重ねてドーパミンを分泌させる方法はいくつかあります。**細かい中間目標を設定して、その目標が達成できたらお祝いをする**といったことも有効でしょう。

私のクライアントのTさんは、本番の試験までに、「模擬試験○回、過去問テスト△回」といった中間目標を設定して、その中間目標の達成に向けて勉強をがんばっていました。そして、その中間目標が達成できたら自宅で小さなお祝い会を開いて、常にモチベーションが高い状態を保っていたようです。

逆に、自分に厳しすぎて努力を認めてあげたり褒めたりすることが苦手な人は、小さな成功を積み重ねることが難しい場合があります。

そのような人は、なかなかやる気が継続しにくい傾向にあります。さらに状況が悪化してしまうと、勉強のやる気が続かない自分を責めてしまい、勉強以外の仕事や私生活にも支障をきたす場合もあります。

自分に厳しく物事に取り組む姿勢は、すばらしいことです。

ただし、やる気を継続させるためには、時には休息も必要です。必要に応じて自分をいたわってあげましょう。

なぜ苦手科目ができてしまうのか？

資格試験や受験対策などで勉強をしていると、どうしても自分が得意な科目と苦手な科目の2つのパターンができるものです。すべての科目が得意科目であればこんなに楽なことはないのですが、そうもうまくはいきません。

では、苦手科目ができてしまったときには、どのように対処していけばいいのでしょうか？

まず苦手科目の克服方法をお伝えする前に、そもそもなぜ苦手科目が生まれてしまうのかのメカニズムについてお伝えしておきます。

苦手科目ができてしまう要因、それは**「他者からの批判や評価といったフィードバックにより生まれる」**といったことがほとんどです。

私たちは幼い頃から、あらゆる面で自分以外の他者に批判や評価をされてきました。その最たる例が、学校で行なわれるテストです。

当然のことですが、テストでは先生が生徒に点数をつけます。そのテストの点数こそが、まさに他者からの評価に当たるのです。国語が得意な子は、国語で高得点を取ることができるでしょう。しかし、国語が得意でも数学が苦手であれば、数学では赤点を取るかもしれません。

では、数学で赤点を取った子は、どのような心理状態に陥るでしょうか？

先生がフォローを入れてくれるのであればまた話は別かもしれませんが、たいていの子は数学に苦手意識を覚えるでしょう。

なぜなら、テストの点数という形で結果が一目瞭然でわかるからです。そして、いったん苦手意識を覚えてしまった数学については、もう積極的に勉強をすることはないかもしれません。

人は、苦手な分野や嫌いなことを避けようとする生き物だからです。

しかし、苦手意識があるのに勉強をしなかったらどうなるでしょうか？

次回のテストは、より低い点数を取ってしまう可能性が高まりますよね。すると、さらにその子の苦手意識はより強固なものになってしまいます。

このようにして、他者からの批判や評価により、苦手科目が私たちの意識に刷り込まれてしまうのです。

私はここで、何もテストの存在自体を否定しているわけではありません。定期的なテストの機会を設けて学習の習熟度を測ることは、今後の学習を促進するためにも必要なことでしょう。

しかし、ともするとそれが苦手科目を生み出してしまう要因にもなることを、教育に従事する先生方は意識されてみてはいかがでしょうか。

科目ごとの成績にバラつきがある生徒に対しては、点数が低い科目に対して、よりいっそうのケアが必要になるでしょう。このような個別具体的な対応が、今後の教育には求められてくると思うのです。

苦手科目ができてしまったときの攻略法

少し話がそれましたが、苦手科目が生まれるメカニズムについては、おわかりいただけたと思います。

では、すでに苦手科目がある人は、どのような対策を講じていけばいいのでしょうか？

ここでのポイントは、**「理解できるところまで戻る」**ことです。

どんなに苦手意識を持っている科目だとしても、苦手意識を持ち始めた単元やポイントがあります。

例えば、ＴＯＥＩＣを勉強したいと思った場合、文法や長文読解はできるのに、リスニングが苦手だとしましょう。この場合は、リスニングという大きな枠組みの中でも、いったい自分がどこでつまずいているのかを特定するのです。

そもそも、基礎となる語彙力が足りていないのであれば、単語から勉強していく必要があるでしょう。語彙力はあるのに、ネイティブが話す英語のスピードについていいけないのだとしたら、それは単純に耳が英語に慣れていない可能性が高いでしょう。その場合は、語彙力を高めるのではなく、通勤や通学中にネイティブが話すオーディオ教材を繰り返し聞くことで、まずは耳に英語を慣らす必要があるかもしれません。

このように、**自分の苦手意識が生まれた要因を特定し、その要因に対処していくことで、苦手科目はステップバイステップで克服していく**ことができます。

苦手意識を感じる科目ほど、初心の気持ちで、これまでの勉強内容を振り返ってみてください。その勉強内容を振り返る中で、苦手意識を感じた単元やポイントがあるとしたら、そこから振り返って取り組んでみるのです。

徹夜してまで覚えるのは、本当に効果的なのか？

勉強法や受験などでよく聞かれる質問の1つに、「徹夜をしてでも覚えたほうがいいと言われるけど、徹夜をするのは本当に効果的なんですか?」というものです。

要は、徹夜はするべきなのか、そうでないのか、といった類の質問です。

先に結論をお伝えしますが、**脳科学的に考えてみても、徹夜はするべきではありま**

せん。勉強をしたら、必ず睡眠を取ってください。私の受講生さんにも、必ずそう伝えています。

私がこのような結論をお伝えする背景には、きちんとした脳科学的なメカニズムがあります。

脳の部位で記憶にかかわる重要な機能としては、**「海馬《かいば》」**と呼ばれる部位がありす。この海馬はタツノオトシゴのような形をしているのですが、**短期記憶**を**長期記憶**に変える働きがあると言われています。

つまり、この海馬が発達していればいるほど、短期記憶が長期記憶化されやすく、いわゆる記憶力がいいという状態になるのです。

そして、ここからがおもしろいデータなのですが、東北大学加齢医学研究所兼務の瀧靖之教授らの研究グループが行なった研究によれば、**睡眠時間が長ければ長いほど、海馬の体積も大きい**という結果が出ています。

つまり、睡眠時間を長く取る子どもほど、記憶力を司る海馬が発達しやすいのです。

それだけではありません。

脳は寝ている間に記憶を編集し、記憶の増強や長期保持に効果的であることが、最近の研究でも明らかになっています。

つまり、**睡眠時間を削って徹夜をしてまで勉強をすることは、記憶を定着させる機会を自ら奪ってしまっているのと同じ**なのです。これは、非常にもったいないですよね。

ちなみに、ヴァン・ドンゲン氏らによってペンシルバニア大学とワシントン州立大学で行なわれた研究では、**6時間睡眠が10日を超えると、徹夜明けと同じくらい認知機能が低下する**という結果が出ています。徹夜した場合の作業効率は、アルコール飲料7〜8杯分飲酒した状態よりも悪化するので、6時間睡眠を10日以上続けている人は、飲酒したときと同じ状態で作業をしていると言えます。

これらのポイントから考えても、徹夜をするのが効果的とは言えません。

徹夜をするのではなく、規則的な睡眠を取って勉強を続けていきましょう。

要領がいい人とは、どういう人か？

「あの人は要領がいいのに、私は要領が悪くて、全然勉強がはかどらない……」といった相談も受講生からよく受けます。

できることなら、要領よく勉強をして、成果も出していきたいと思っている人は多いはずです。

そもそも、要領がいい人とは、いったいどのような人のことを指すのでしょうか？

私が思うに、要領がいい人というのは、**「少ないインプットで、大きな成果を上げられる人」**のことを指していると思っています。

勉強に関して言えば、少ない時間やエネルギーで、自分が望む資格試験や受験勉強の合格といった成果を手に入れることのできる人を指します。

この定義は、何も勉強だけの話ではありません。少ない時間で大きな成果を上げられるビジネスパーソンは要領がよく、いわゆる〝デキる人〟というイメージがつくでしょう。

目的は、100点を取ること？ 合格すること？

では、要領よく勉強ができる人とそうでない人の違いは、いったいどこから生まれてくるのでしょうか？

まず1つの大きな特徴として、要領がいい人は、**「できるだけ無駄な努力をしない」**といった前提を徹底している傾向があります。

自分が望ましい成果を手に入れるために、最小の努力やエネルギーで物事を達成することを念頭に置いて取り組みます。そのため、いきなり勉強に取り組むといったことはしません。

「○○の資格を取りたい！」と思ったら、そのために必要な要素や時間などを明らかにします。そこから逆算して、勉強のスケジュールやどの教材で勉強するのかなどの計画を組み立てるのです。

さらにもう1つの大きな特徴は、**「目的を達成するために、最低限必要な勉強をする」**ということです。

例えば、ある資格試験の合格ラインが70点だとしたら、要領のいい人は70点を取るための勉強をします。それ以上は目的達成のためには不要だと考え、必要以上の時間を割くことをしません。

しかし、要領が悪い人の場合は、100点を取るための勉強をします。100点を取るための勉強をするので、もちろん時間もエネルギーもそれ相応にかかります。

しかし、試験に合格するために必要なのは、あくまでも70点です。はっきり言ってしまえば、残りの30点を取るための勉強は〝無駄な努力〟なのです。

資格試験や受験勉強に合格したいのであれば、あくまでも目的は「合格すること」です。そこに費やす勉強やエネルギーは、その目的を達成するための手段です。この関係を取り間違えないようにしましょう。

明確な「未来記憶」をつくる

ここまで、要領がいい人とそうでない人の特徴を2つ挙げてきました。

では、脳科学的に考えて両者の違いはどのようなことになるのでしょうか？

結論から申し上げると、**「明確な未来記憶がつくれているかどうか」**といった点が、両者の違いに当たります。

未来記憶とは、これからの予定やスケジュール、予想や将来の展望などの未来に関する記憶のことを指します。

つまり、要領がいい人は、自分が望ましい成果を手に入れるための未来記憶をリアルにイメージするのがうまい人だということができるでしょう。だから、いきなり勉強するのではなく、**合格するために必要な前提を明らかにして、その前提を達成するための勉強方法や計画を作成する**のです。

また、明確な未来記憶をつくり出していると、人間の行動はその未来記憶を実現するために行動が促進されるという特性があります。

未来記憶を明確にすることで、必然と勉強も促進されるという効果が期待できるのです。

勉強の障害は、たったの3つ

この章の最後に、勉強の障害についてお伝えしたいと思います。

「専門用語が多すぎて難しすぎる」「基礎問題はできるのに、応用問題となるとまったく解けない」「具体的に何をどのように勉強したらいいのか、見当もつかない」……。

このように、勉強における障害はたくさんあるように感じられます。

しかし、どんなに障害を感じたとしても、勉強をする上での障害は、大きく3つに集約することができます。

ちなみに、これら3つの障害のことを、専門用語で**「学習障害」**と言います。

それは、次の3つです。

◎学習障害その①：言葉がわからない
◎学習障害その②：階段の飛び越し
◎学習障害その③：お手本の不在

では、それぞれ順番に解説していきましょう。

言葉がわからない――学習障害その①

学習障害の1つ目は、「言葉がわからない」です。

新しい分野の勉強を始めたときに、やたらと専門用語が多くて理解に苦しんだという経験はありませんか?

この学習障害こそ、まさに「言葉がわからない」という壁にぶつかっている典型的な例と言うことができます。

この「言葉がわからない」という学習障害に陥ると、一気に思考停止状態に陥ります。

語彙力は、すべての勉強の基礎となる能力の1つです。言葉がわからなければ、その問題が何を意味しているのかすらわかりません。例えば、数学の問題があったとして、文中に出てきている専門用語がわからなければ、数式を解くことすらできません。

脳科学的に言えば、これは、**私たちの記憶のメカニズムと密接に関連**しています。私たちはこれまで見聞きし、学んできたことをすべて脳内でデータベース化しています。

私の師匠である脳科学コンサルタントの石川大雅氏は、このデータベースのことを、**「参照データベース」**と呼んでいます。自覚しているか無自覚かは別として、私たちは常にこの参照データベースに照らしながら物事を判断したり、意味づけをしたり、理解したりしているのです。

その証拠に、あなたは今も本書に書かれている内容が理解できていると思います。これは、あなたがこれまでに日本語を学んできて、本書に書かれている日本語を理解するための参照データベースが蓄積されてきているからです。

これが、まったく日本語を知らない海外の人が本書を読んだとしても、おそらくチンプンカンプンでしょう。

しかし、こと資格試験や受験勉強になると、私たちはこの参照データベース不足に陥っていることに気づかなくなってしまいます。

言葉がわからないということは、スキルや能力の問題ではないのです。シンプルに、言葉を理解するための参照データベースが不足しているだけなのです。

そのため、「言葉がわからない」という学習障害に陥ったときの対処法は、いたってシンプルです。

語彙力を増やして、理解できる言葉を増やせばいいのです。その分野における語彙力が高まってくれれば、自ずと解決できる問題の範囲も拡大していきます。

階段の飛び越し——学習障害その②

学習障害の2つ目は、「階段の飛び越し」です。

「階段の飛び越し」とは、わかりやすく言うと、**「いきなり難しいことに挑戦しすぎている」**という状態のことを指します。全部で5ステップの学習段階のある試験科目があるとしても、ステップ1を飛び越していきなりステップ2から入ると、とても難しく感じますよね。

算数の四則計算ができない子どもが、いきなり2次方程式などの計算式を解こうとしても、混乱してしまうのと同じ状況です。このような状況は、まさに階段の飛び越し状態になります。

試験勉強をしていて、「なんだかこの単元から、いきなり難しくなったな……」と感じたときには、階段の飛び越しになっている可能性がおおいにあります。

その場合は、**改めて自分が理解できるところまで戻って、より細かい学習ステップを踏んでいきましょう。**

そうすることで、階段の飛び越しにならずに、しっかりとイチからステップを踏んでいくことができます。

お手本の不在――学習障害その③

最後の3つ目の学習障害は、「お手本の不在」です。これも、多くの人が陥る学習障害の1つです。

勉強でなかなか成果の上がらない人ほど、自分一人ですべての問題を解決しようと試みます。しかし、先ほどもお伝えしたように、私たちは自分の脳内の参照データベースに照らし合わせて、物事を意味理解しています。逆に言うと、自分の参照データベースにない事柄については、当然ですが、意味理解もできません。

資格試験や受験勉強に合格するということは、少なくとも、今の自分の参照データベースにはない知識や技術が求められているということです。それなのに、自分の力だけで頑張ろうとするのは、とても非効率だと思いませんか？

自分が取得したい資格や合格したい学校の先輩が身近にいるのであれば、実際にその人たちからの話を伺いましょう。

できれば、**直近で合格した人たちのほうが、体験談としてはより臨場感を持って話をしてくれる**と思います。あまりにも受講年度が遠すぎても、前提条件が違いすぎて参考にならないことも多々あります。

勉強のコツや試験のテクニックなど、事前に質問したいことをリストアップして徹底的にインタビューするのです。そうすることで、お手本から実体験に基づいた話を聞くことができます。

実際の合格者をインタビューするのが難しくても、今はインターネットや**YouTubeを活用**することで、比較的容易に情報を入手することができます。

例えば、YouTubeの場合は、「〇〇（合格したい資格試験名など）勉強法」などと入力すると、たくさんの動画を閲覧することができます。

有名な資格試験であれば、書店に足を運ぶと、たくさんの合格ノウハウ本が並んでいます。

このようにして、できるだけ一人で悩まずに、**先人たちの叡智を活用**することが、この「お手本の不在」という学習障害をクリアするためのポイントになります。ぜひ、

3つの学習障害と対応策

No.	学習障害	対応策
1	言葉がわからない	語彙力を増やす。
2	階段の飛び越し	理解できるところまで戻り、細かい学習ステップを踏む。
3	お手本の不在	お手本を見つけてモデリングする（先輩へのインタビュー、YouTubeや本で合格者の体験談を見聞きするなど）。

世の中のあらゆるリソースを活用してみてください。

以上が、3つの学習障害とその対処方法になります。

勉強がうまくはかどらないと感じたときには、自分が今どの学習障害に陥っているのかを把握して、適切な対処方法を講じてください。

それでは、次章ではいよいよ、自分の脳に合った勉強法の具体的な発見方法についてお伝えしていきます。

第2章

自分の脳に合った勉強法

TOEICスコア350点の大学生

自分の脳に合った勉強法の話に入る前に、そもそもなぜ私が、このような勉強法についての本を書くことになったのか。そのキッカケとなったエピソードをお話ししたいと思います。それは、大学1年生も終わりに近づいた19歳の春のことでした。

大学1年生の頃の私は、正直言って勉強が得意ではありませんでしたし、好きでもありませんでした。むしろ、勉強をすることはめんどくさいと思っていましたので、大学1年生の入学当初から約1年間は、友達と毎日遊び倒す生活を送っていました。

私の通っていた大学は地元の外語大学で、女子学生が男子学生の約3倍以上もいるような学校です。そのため、クラスには男子学生がほんの数名しかいないのが常でした。そのぶん男友達の絆はとても強いものがあり、毎晩のように友達の家を渡り歩いては、たわいもない話で深夜まで盛り上がり、将来の目標や夢について語り合う毎日を送っていました。今思うと、まさにあれが青春だったのかなと実感します。

しかし、そんな毎日を繰り返していたので、当然、勉強はほとんどすることはありません。友達との予定が入っていない日も、地元でアルバイト漬けの毎日を送っていました。

当時の私がどれくらい勉強をしていなかったのかを示す基準の1つに、ＴＯＥＩＣがあります。外語大学で英語を専攻している学生なら、必ず受けると言ってもいいほどの英語能力を測る国際試験の１つです。

もちろん私もＴＯＥＩＣを受講したのですが、なんと私の入学当初のＴＯＥＩＣスコアは３５０点。３５０点と聞くと何やらすごそうですが、実はこのスコアは、ＴＯＥＩＣのレベル別評価でいくと最低ランクに該当します。本当にそのくらい、勉強ができなかったのです。

しかし、当時の私は、そんなことを気にも留めませんでした。なぜなら、まわりには時間を共にしてくれる友達がいて、毎日が充実していたからです。それよりも、「人生1回しかない大学生活。思いっきり遊び尽くしてやろう！」くらいに思っていましたから。そう、あの日を迎えるまでは……。

勉強嫌いの学生が勉強のおもしろさに目覚めた理由

そんなわけで徹底的に遊び尽くしていた私ですが、大学1年生も終わりに近づいた19歳の春に、ある事件が起こります。それまで私と一緒に毎日を遊び尽くしていた親友のHくんが、「ねぇこれ見て！　この前、TOEICの試験を自分で受けてみたんだ！」と話を持ち出してきたのです。「へぇー、TOEICの点数を自分で受けるなんて、Hくんも少しは勉強する気になったのかな」なんて軽い気持ちでスコア表を見た私は、愕然としました。なんとそのスコア表には、750点というスコアが記載されていたのです。

「750点！」

このスコアは、当時の私にとって衝撃以外の何物でもありませんでした。Hくんと私のスタート地点がほぼ同じだったことは、入学当初に同じクラスだったこともあり、なんとなくわかっていました。

しかし、私と毎日のように遊んでいる中でも、Ｈくんはコツコツと勉強を積み重ねていました。その結果が、まさに今私の目の前に突きつけられている、ＴＯＥＩＣのスコア表でした。

このときのことは、今でもはっきりと覚えています。親友に圧倒的な差をつけられたという悔しさとともに、自分に対する不甲斐なさが心の底から沸き上がってきました。自分はこの1年間、いったい何をしてきたんだろう。何も考えずに毎日を過ごしてきたことで、いったいどれだけの時間を無駄に過ごしてきたんだろう。そんなことを考えて、家に帰ってから一人悔し涙を流したこともありました。

しかし、ひととおり悔しさを爆発させた後は、もう気持ちが切り替わっていました。

「Ｈくんにできて自分にもできないわけがない！　自分もＴＯＥＩＣの勉強を始めてみよう！」と、心に決めたのです。

それから、人生で初めてと言っていいくらいに、自分で目標を立てて勉強をするという瞬間がスタートしました。

当面の目標は、打倒Ｈくんです。そのために勉強のスケジュールを確保し、単語帳をゼロから覚えることからスタートしました。苦手な文法問題も問題集を徹底的にこなし、10年分の過去問も図書館にこもって何度も繰り返し解きました。行き帰りの通学中も英語の音声教材を毎日聞き、英語を耳に慣らすことも意識して取り組みました。

そんな勉強を2カ月ほど続けた大学2年生の5月。いよいよＴＯＥＩＣの試験当日がやってきました。これまでの勉強の成果をすべてぶつけたその試験当日は、これまでにないくらいの手応えを感じていました。すべて出し尽くしたという達成感すら感じていました。

その後、試験を終えてスコア表が送付されるまでの期間、毎日そわそわしていました。まるで合格発表を待つ受験生のような気持ちです。そして実際、手元に届いたスコア表を開封するときには、手が震えていました。スコア表を見た瞬間のことは、今でも忘れもしません。そのスコア表には、８１５点のスコアが記載されていたのです。

そうです。目標としていたＨくんのスコアを、見事に超えることができたのです。

あのときのうれしさは、今でも鮮明に覚えています。先生や親から言われるわけでもなく、初めて勉強という分野で目標を立て、その**目標を達成した小さな成功体験**が、そこにはありました。

ちなみにその後、勉強のおもしろさに目覚めた私は、今度は９００点を超えようという目標を立て、同じ年の9月から再び2カ月間勉強し、11月のＴＯＥＩＣ試験に２度目の挑戦をしました。

その結果、最終的には９１５点のスコアを獲得することができました。３５０点から９１５点ということで、５６５点のスコアアップを達成したことになります。

これが、私にとって初めての勉強における成功体験となりました。そして、この成功体験をキッカケに、私は勉強することや学ぶことのおもしろさに気づき、そのおもしろさを研究していくようになるのです。

勉強の成果は、２つのかけ算

勉強のおもしろさに目覚めた私は、ＴＯＥＩＣの勉強をしている最中にも、簿記や経営学の勉強など、さまざまな勉強を並行して実践していた時期があります。

勉強する分野や内容は違えども、勉強で成果を出すための本質は、しごくシンプルなように私には思えました。

そして、勉強で成果を出すための本質は、集約するとたった2つのシンプルな要素に絞られるのだと自分の中で結論づけたのです。

それが、

勉強の成果＝コンテンツ×勉強法

という方程式でした。

つまり、「質の高いコンテンツ」と「効率的な勉強法」の2つの要素を押さえることができれば、高い成果を上げられることができると結論づけたのです。この発見は、当時の私にとって、とても大きなものでした。

例えば、進学塾などで有名な講師の先生方が提供する授業は、質の高いコンテンツと言えるでしょう。その先生の講義を聴講するために、立ち見をする受験生までいるそうです。その他にも、良質な問題ばかりを集めた過去問集なども、質の高いコンテンツに当たります。英語の勉強であれば、受験生の間で「○○大学に行くなら、この単語集は必須で押さえたほうがいい」といった会話もなされるでしょう。

このように、資格試験や受験などの勉強においては、質の高いコンテンツから学ぶことが成否を左右します。質の高いコンテンツで学び続けることができれば、それだけで高い勉強の成果を得ることができるのです。

誰にでも再現性のある勉強法は、存在するのか？

一方、もう１つの要素である「勉強法」とは、どのようなことでしょうか？

この勉強法に関しては、さまざまな人があらゆる理論を提唱しています。「寝ている間に記憶が定着するから、暗記物は寝る前に取り組んだほうがいい」という人もいれば、「集中力が高い午前中にこそ、暗記物は取り組むべき」という人もいます。

勉強時間についても、30分単位で勉強時間を区切ったほうがいいという教えもあれば、人間が集中できる時間は90分がせいぜいだから、90分単位で勉強は考えたほうがいいという教えもあります。

このような考え方の違いは、まさに勉強法の違いに直結します。

最近は、受験対策だけではなく、ビジネス書でも、勉強法について解説された本が書店でたくさん見られるようになってきました。

資格取得を新たに目指すビジネスパーソンに向けて、効率的な勉強法を説いていいます。なかには、このノートを使ってこのような勉強法をするといい、集中力を高めるにはこの椅子を使ったほうがいいなど、使うノートや座る椅子まで指定をするビジネス書もあるくらいです。今や勉強法に関する本は、書店の一角を占めるまでのブームとなっています。

このような背景を考えてみても、今はまさに「勉強法ブーム」の時代だと言っていいでしょう。

かく言う私自身も、さまざまな勉強法を試してきました。

勉強中の眠気を克服するために、立ちながら勉強をしていた時期もあります。ポスト・イットを使うと頭が整理しやすいという情報整理術も学んだので、ノートではなくポスト・イットを中心に情報を整理していた時期もあります。

勉強での目標を明確にイメージするとモチベーションが高まりやすいと聞けば、目標を徹底的に明確化することにも取り組みました。イメージを具体化するための写真や絵も壁などに貼り、イメージの明確化に努めました。

なかには成果の上がった勉強法もあれば、残念ながらまったく成果の上がらなかった勉強法もありました。

それはそれで経験としては良かったのですが、学びを続けていく中で、私の頭の中にはある1つの疑問がずっと残っていました。

「誰にでも再現性のある勉強方法なんて、この世に存在するのだろうか？」

と。

実際、社会人になって独立をして今の仕事をするようになってから、クライアントさんやセミナー受講生の皆さんにも、効果的な勉強法に関していろいろとヒアリングもしてみました。

すると、おもしろいことがわかったのです。**まったく同じ勉強法がAさんには効果的だったとしても、Bさんには逆効果だったというケースが、大量に見られた**のです。

成果を出すために、コンテンツと勉強法に加えて必要なもの

——新・勉強の成果を決める方程式

まったく同じ勉強法にもかかわらず、人によってここまで成果に違いが出てしまうのは、いったいなぜなのだろう?

私にとってはそれが不思議でなりませんでした。もちろん、私にとって効果的だった勉強法や学び方でも、他の受講生にはまったく効果がないといったケースも、多々ありました。

このような疑問に向かい合っているうち、私はそのヒントを専門としている脳科学に求めるようになっていました。

そうしていろいろと思考を巡らせているうちに出会ったのが、第一章でお伝えしたKさんとNさんのエピソードだったのです。

このときに私が、「そうか! 勉強がデキる人とそうでない人の違いは、脳の使い

方にあったのか！」とひらめいたことは前述したとおりです。

このことを前提として踏まえると、私が学生時代に考え出した勉強の成果の方程式には、多少の変化を加える必要があります。

つまり、**どんなに優れた勉強法であったとしても、それが自分の脳に合っていなければ、いくら時間をかけて勉強をしても成果にはつながらない**ということです。

そのため、今では次のような方程式こそが、勉強の成果を左右する大きな方程式だと感じています。

勉強の成果＝コンテンツ×勉強法×合脳性

先述したコンテンツと勉強法の要素に加えて、「合脳性」という要素が新たに加わっています。

最後の要素である**「合脳性」とは、コンテンツや勉強法が自分の脳に合致している度合い**のことです。

この方程式は、それぞれの要素がかけ算になっていることがポイントです。

かけ算になっているということは、どれか1つの要素がゼロになってしまうと、勉強の成果自体もゼロになってしまうことを意味します。

つまり、いくら優れたコンテンツや勉強法を取り入れたとしても、それがあなたの脳に合っていなければ、それはまったく成果につながらないということです。

まさにこの第2章は、3つめの要素である合脳性をテーマにした内容であると言っていいでしょう。

この3つめの**合脳性を高めることで、今よりも効果的な自分に合った勉強法を選ぶことができる**はずです。

もしかすると、今あなたが取り入れている勉強法は、合脳性が低いために、期待した以上の成果を発揮していないかもしれません。そのようなことも、本書を読み進めることで理解することができるでしょう。

昔と今で、求められるものが違う
「勉強の成果」の方程式

旧・勉強の方程式

勉強の成果＝コンテンツ×勉強法

質の高いコンテンツと効率的な勉強法をいかに習得できるかがポイントだった。

新・勉強の方程式

勉強の成果＝コンテンツ×勉強法×合脳性

「合脳性」という要素が加わり、自分の脳に合った勉強法という概念が生まれた。

勉強法ブームがもたらす弊害

では、いったいなぜ私がそこまでして自分の脳に合っているかどうかである、「合脳性」という考え方を大切にするのでしょうか？

実は、先ほどお伝えしたように、現代が「勉強法ブーム」であることと、この話は関係しています。

私がこれまでにインタビューしてきたクライアントや受講生は例外なく、いろんな勉強法を学んでは試しています。今は勉強法ブームのため、世の中にはありとあらゆる勉強法があふれているので、試すことのできる勉強法がたくさんあるのです。

しかし一方で、このような**勉強法ブームによって、苦しんでいる人たちもたくさん見てきました**。

いろんな勉強法や学習ノウハウを試してみてもなかなか成果が出ないと、人は自己嫌悪に陥ります。自分には能力がないんじゃないか、自分は頭が悪いんじゃないか、これだけ勉強しても成果が出ないなら、一生かかっても無理なんじゃないか……。

このように考え、どんどんネガティブな思考に陥ってしまいます。

このように、**自分を責めることでストレス状態が続くと、心配や緊張で落ち着かなくなり、常に不安が生じる**ようになります。

さらに、この状態を放置していると、**脳ではノルアドレナリンという神経伝達物質が過剰分泌され、いずれはうつ病に進む**ことすらあります。

「他人ごと」ではなく、「自分ごと」の勉強法を見つける

忘れてはならないのは、「どんなに優れた勉強法であっても、それはあくまであなたではない他人が見いだした勉強法である」ということです。

あくまでも、講師の先生が見いだした勉強法がセミナーや書籍という形になって表れているだけです。

ですから、**その勉強法が自分にとって効果的でないことは、ある意味では当たり前**

のことなのです。

大切なことは、**他人ごとではなく、自分ごとの勉強法を見つける**ことです。その自分ごとの勉強法こそが、私が提唱している自分の脳に合った勉強法という考え方に通じます。

この自分の脳に合った勉強法がわかれば、より少ないエネルギーで大きな成果を手に入れることのできる人が増えると、私は確信しています。

実際、私自身もそうでした。集中力が高く生産性も高い勉強法を見つけてから、仕事も勉強もスムーズに事が運ぶようになりました。私のクライアントやセミナー受講生でも、高い成果を上げている人は、例外なく自分が高い集中力を保って勉強できる方法を自分でわかっているのです。

脳の使い方は、大きく分けて3タイプ

さて、前置きが長くなりましたが、いよいよ自分の脳に合った勉強法を発見するための具体的なステップに移っていきたいと思います。

最初に、結論から申し上げます。

この「自分の脳に合った勉強法」のタイプは、大きく3つに分かれます。まずはこの3つのタイプのどれに自分が該当するかを知ることがとても重要です。

では、どうやってその3つのタイプを知ることができるか？

キーワードは、**「五感覚」**です。

私たち人間は、視覚、聴覚、身体感覚（触覚）、嗅覚、味覚という5つの感覚器官によって情報を知覚しています。この五感覚から情報を知覚することができなければ、そもそも勉強なんていう概念すら存在しません。

ちなみに、私たちの脳が扱う情報量は、毎秒100億ビットにも達すると言われています。そのうち視覚から得られる情報量は80％以上だと考えられていますが、それはあくまでも一般的な情報〝量〟の話です。

ここで大切なことは、

「あなたが勉強をしているときに、どの感覚が優位に働いているのかを知る」

ということです。

優位に働いているということは、それだけ学んだ内容が自分ごと化されやすいということでもあります。

人によってどの感覚が優位に働くかは、もちろん違います。

普段は意識をしたことすらないかもしれませんが、**勉強をしているときに優位に働く感覚が、人によって必ず存在している**のです。

学んだ内容の自分ごと化も、その感覚を意図的に活用することで促進されます。その感覚を知り、意図的に使いこなすことができれば、勉強の生産性は確実に向上するのです。

逆に、本来は優位でない感覚を使おうとしても、勉強での成果はまったく上がりません。いくら勉強を重ねたとしても、学んだ内容がなかなか頭に入ってこないという経験は、あなたにもありませんか?

それと同じような現象が、感覚の違いによって引き起こされます。それくらい感覚は重要な要素なのです。

では、自分の脳に合った勉強法の3つのタイプをお伝えします。

自分の脳に合った学習パターン――基本篇

①視覚タイプ
②聴覚タイプ
③身体感覚（触覚）タイプ

最初に覚えていただきたい学習パターンは、この３つです。

これからあなたにもこの学習パターンがわかる診断テストに取り組んでもらいますが、あなたもこの３つのタイプのいずれかに該当することを覚えておいてください。

①視覚タイプ

視覚タイプは、勉強をしているときに特に視覚が優位に働く人です。

このタイプの人は、目で見て物事を覚えたり判断したりすることが得意なタイプの人です。基本的に人間は視覚情報が多いということは先ほどお伝えしましたが、このタイプの人は、勉強をしているときも視覚を有効に活用することで、高い生産性を発揮することができます。

例えば、一般的に英単語を覚えるときは声に出して読み上げてみたり、耳で何度も英単語を聞いて覚えたりするものですが、このタイプの人は**一度見た英単語はなかなか忘れにくいという特性**などを持ったりしています。

その他にも、目で情報を捉えるのが得意なので、本を読むスピードも速く、かつ内容が頭の中にしっかりと入っているなどの傾向も見られます。

②聴覚タイプ

聴覚タイプは、勉強をしているときに特に聴覚が優位に働く人です。

このタイプの人は、**音声教材を活用して繰り返し耳で学ぶことによって、勉強での成果が上がりやすいのが特徴**です。ちなみに、著者である私もこの聴覚タイプに当たります。

そのため、私もオーディオセミナーや音声教材を積極的に活用し、朝起きてから仕事に行くまでの準備をしている時間や、移動中などのスキマ時間に学習しています。

その他にも、ただ聞くだけではなく、**自分の声を自分の耳で聞く〝音読〟という勉強法も、このタイプの人には特に効果的**です。

③身体感覚（触覚）タイプ

このタイプは、身体を動かしたり、実際に手で触れてみることによって学習効果が高まる人のことです。

例えば、よく**「手で書いて覚えなさい！」**という指導をする先生を見かけますが、この勉強法は、特にこの身体感覚（触覚）タイプの人に効果を発揮する勉強法です。**手を動かして書くことは、実際に筋肉を動かして身体感覚を活用**しています。もちろん、視覚タイプの人や聴覚タイプの人にも効果がないというわけではありませんが、彼らにはもっと効果的な勉強法が存在する可能性があります。

以上が、３つの学習パターンになります。

ここまで読んでもらって、あなたは自分がどの学習パターンに属しているのか、なんとなくわかりましたか？

あなたはどのタイプ？

3つの学習パターンの特徴と勉強法の例

勉強タイプ	感覚の優位性	特徴と勉強法の例
視覚タイプ	視覚	目で見て物事を覚えたり、判断したりすることが得意。 ・ビジュアル化、イラスト化 ・視覚をクリアにするなど
聴覚タイプ	聴覚	音声教材など、耳で学習することが得意。 ・オーディオ教材 ・音読など
身体感覚（触覚）タイプ	身体感覚（聴覚）	身体を動かしたり、手で触れてみる学習が得意。 ・手で書いて覚える ・勉強中にリズムを刻むなど

まだわからなかったとしても、その点はご安心ください。後ほど、5分ほどでわかる診断テストを用意していますので、そこであなたの学習パターンも明らかにすることができます。

学習パターンの注意点

この学習パターンを活用するにあたっては、3つの注意点があります。

この注意点を押さえておかないと、いくらあなたにとって効果的な学習パターンを発見しても、成果につなげることはできません。

◆注意点①

まず1つ目の注意点は、**「この学習パターンは、0か100かの考え方ではない」**ということです。

つまり、あなたの学習パターンが仮に視覚タイプであったとしても、だからと言って他の聴覚タイプや身体感覚（触覚）タイプの要素がゼロではないということです。

基本のタイプが視覚タイプというだけであって、その他の2つの要素も活用することで、勉強の成果をより高めることができます（他の要素との相性や組み合わせについては後述します）。この点を勘違いしないようにしてください。

◆注意点②

2つ目の注意点は、**「年齢を重ねたり、状況が変化したりすると、この学習パターンも変化する可能性がある」**ということです。

つまり、今までは視覚タイプだった人も、いつの間にか聴覚タイプや身体感覚（触覚）タイプに変わっている可能性が十分にあるということです。

なぜそのようなことが起きるのか？

それは、私たちの脳に備わっている「可塑性《かそせい》」という特性が関係しています。

脳の可塑性とは、わかりやすく言うと、学習をすることにより新しい変化や能力の身につけていく力のことを指します。つまり、私たちの脳は常に一定の状態を保っているわけではなく、学習をしていくことで変化をし続けるということです。

そのため、今は視覚タイプが優位だったとしても、新たな学習や変化を積み重ねていけば、学習パターンが変化していく可能性は十分にあり得るのです。

◆注意点③

３つ目の注意点は、**「この学習パターンについては、あくまでも勉強時における優位性である」**ということです。

つまり、勉強以外のシーンにおいては、この優位性が大きく変化する場合があります。

わかりやすい例の１つが、スポーツです。スポーツの場合は身体を動かすので、多くの人が身体感覚（触覚）である可能性が非常に高いです。それは、学習パターンが視覚タイプであったとしても同じです。勉強時におけるパターンだということを、しっかりと理解しておきましょう。

５分でわかる！　学習パターン診断テスト

それでは、ここまでの話を踏まえて、いよいよあなたの学習パターンを発見するフェーズへと移行していきましょう。

学習パターンの発見方法は、とても簡単です。私が事前に用意している**次の質問に、あなたは素直にお答えいただくだけ**です。

同じような質問だと感じても、それはあえて異なる切り口から角度を変えて質問をしています。回答内容に正確性を持たせるため、さまざまな角度からの質問を投げかけています。

これらの質問に答えることで、**「視覚タイプ」「聴覚タイプ」「身体感覚（触覚）タイプ」のいずれに優位性を持っているのかがわかる**ように設計されています。

あなたがやることは、各設問に対して、1〜5の数字のいずれかを記入するだけです。

「1：まったくそう思わない」「2：どちらかと言えばそう思わない」「3：どちらとも言えない」「4：どちらかと言えばそう思う」「5：非常にそう思う」という感覚で、**直観**で質問に回答していきましょう。（　）内に数字を記入してください。

それでは、さっそく始めていきましょう！

Q1　電子書籍で覚えようとしても、どうも頭に入ってこない（　）
Q2　特定の音楽を聞くと、集中できる（　）
Q3　勉強しているときに人影が目に入ると、集中できない（　）
Q4　手を動かして実際に書いてみるほうが覚えやすい（　）
Q5　音声教材などを活用して、音で学ぶのが得意だ（　）
Q6　できることなら、視界に誰も入らないスペースで勉強したい（　）
Q7　相手の表情の変化を敏感に感じとる（　）
Q8　勉強中の雑音がノイズとなって気になる（　）
Q9　教材や書籍などに、積極的に手を動かしてアンダーラインやメモなどを書き込む（　）
Q10　特定のリズムを刻みながら集中することがよくある（　）
Q11　単なる文字情報だけではなく、イメージ図や写真などのビジュアルがあると頭に入りやすい（　）
Q12　物事を覚えるときには、実際に声を出したほうが覚えやすい（　）

Q13 スキマ時間にオーディオ教材を聞いて学ぶことは、自分にとって効果的だと感じる（　）

Q14 悲しい、うれしいなどの感情表現をよく使うほうだ（　）

Q15 音声教材の声が、そのまま頭の中で再現できてリピートできるときがある（　）

Q16 情報が整理されておらず、ひと目でわからないような問題やノートを見ると、いい気分がしないときがある（　）

Q17 視覚的に好きな色を好んで使うと、学習効果も上がっているように感じる（　）

Q18 まったく身体を動かさずに、じっとしているのは苦手だ（　）

Q19 擬音語や擬態語を会話の中でよく使う傾向がある（　）

Q20 音楽を聞きながらテンションを上げることがある（　）

Q21 自分の見やすいように情報を整理したりビジュアル化するのが好きだ（　）

Q22 集中していると、いつの間にか独り言を言っているときがある（　）

Q23 雑音のない静かな環境で、一人で取り組んだほうが、勉強ははかどる（　）

Q24 勉強中にリフレッシュをしたいときは、散歩などで身体を動かしたいタイプだ（　）

Q25 レイアウトの美しさを求める傾向がある（　）

Q26 見た目でかわいかったり、カッコイイ勉強道具があると、それを思わず使いたくなる（　）

Q27 触り心地や使い心地のいい勉強道具（ペンやノートなど）を使うことは大切だ（　）

Q28 集中できる姿勢や座り方などを意識して実践している（　）

Q29 自分の声を録音して、繰り返し聞いて勉強することは効果的だと感じる（　）

Q30 情報を整理するときは、文字だけではなく図やイラストも活用する（　）

あなたはどのタイプ？——「学習パターン診断テスト」チェック方法

さて、点数を記入することはできましたか？

まだの人は、しっかりすべての質問に対する点数をつけてから、この先のページに進んでくださいね。

では、いよいよあなたがどのタイプかのチェック方法です。次の基準値を参照しながら、集計をしてください。

◎Q3、Q6、Q7、Q11、Q16、Q17、Q21、Q25、Q26、Q30の合計点数が40点以上……**視覚タイプ**

◎Q2、Q5、Q8、Q12、Q13、Q15、Q20、Q22、Q23、Q29の合計点数が40点以上……**聴覚タイプ**

◎Q1、Q4、Q9、Q10、Q14、Q18、Q19、Q24、Q27、Q28の合計点数が40点以上……**身体感覚（触覚タイプ）**

この基準値に該当する箇所、もしくは最も基準値に近い項目が、あなたの学習パターンになります。

複数の基準値に該当する人は、その中で最も点数の高いタイプが、あなたの学習パターンだと捉えてください。

集計してチェック！
「学習パターン診断テスト」得点早見表

質問 No.	合計点数	勉強タイプ
Q3,Q6,Q7,Q11, Q16,Q17,Q21, Q25,Q26,Q30	40点以上	視覚タイプ
Q2,Q5,Q8,Q12, Q13,Q15,Q20, Q22,Q23,Q29	40点以上	聴覚タイプ
Q1,Q4,Q9,Q10, Q14,Q18,Q19, Q24,Q27,Q28	40点以上	身体感覚（触覚） タイプ

逆に、すべての項目が基準値に満たなかった人の場合には、その中でも最も高いスコアを記録したタイプがあなたの学習パターンになります。

ここで明確になった学習パターンが、あなたが普段の勉強や学習をする際に特に活用するべき感覚になります。

視覚タイプの人は、「目で見て学ぶ」という感覚がとても優れている人です。できるだけ視覚から多くの情報を取り入れることを意識して勉強しましょう。

聴覚タイプの人は、「耳から学ぶ」という感覚がとても優れている人です。音声教材などを活用し、できるだけ耳からの情報を取り入れることを意識して勉強しましょう。

身体感覚（触覚）タイプの人は、「身体を使って学ぶ」という感覚がとても優れている人です。できるだけ身体を使って学んだり、手を動かして勉強することを意識してみましょう。

3つの学習パターンの活用事例

では実際に、それぞれの学習パターンによってどのような勉強法が効果的なのか、いくつか例を示したいと思います。この例をご覧いただくことで、あなたもそれぞれの学習パターンによってどのような勉強法が効果的なのか、イメージがつかめることと思います。

「視覚タイプ」に効果的な学習法

①ビジュアル化する

視覚タイプの場合、重要なのは「目で見てわかる」という工夫を凝らすことです。

例えば、ある分野の資格を取得するための勉強をしているなら、その資格で網羅するべき知識を**図やモデルを使ってわかりやすくビジュアル化し、壁などに貼っておく**のです。

そして、いつでもその知識が目に入るように工夫しておくと、視覚から取り入れることのできる情報量が物理的に増加します。

視覚から取り入れる情報量が多ければ多いほど、このタイプの人の学習効果は向上します。

②視界をクリアにする

視界タイプの人は、視覚が優位なぶん、逆に視界に集中力を削ぐもの（ノイズと言います）があると、それだけでパフォーマンスが低下する傾向があります。

例えば、カフェで勉強しているときにも、視界に入る人影が気になり、まともに勉強に集中できないというパターンを持っているのも、この視覚タイプの人の特徴です。

そのため、視界は常にクリアにしておき、勉強に集中できる環境を整えると効果的です。**自分が勉強する机の上も、整理整頓しておくことでノイズを排除**できます。

③未来記憶を視覚イメージにする

勉強での目標が達成された後に起きる変化や自分へのご褒美などを視覚情報として持っておくことで、このタイプの人は勉強に対するモチベーションが駆り立てられます。

私の知っている事例では、ある資格試験の合格を目指す女性は、合格後の自分へのご褒美として、都内の有名リゾートホテルへの旅行を計画していました。彼女は視覚タイプの人でしたので、そのリゾートホテルの写真を印刷して家の壁などに貼っていたり、スマホのアルバムにおさめて、勉強前にいつも確認をしていたそうです。

このように、**ポジティブな未来記憶を写真やイラストなどの視覚イメージで明確にしておく**と、視覚タイプの人は意欲高く勉強に取り組むことができます。

「聴覚タイプ」に効果的な学習法

①オーディオ教材を活用する

聴覚タイプの場合は、「耳を使って学習する機会を増やす」ことが勉強の成果を最大化するための大きなポイントになります。

そのため、**オーディオ教材を使って繰り返し耳で勉強する機会を設ける**ことは、非常に効果的です。英語を覚えたいときも、音で学習することで、効果を高めることが期待されます。

かく言う私も聴覚タイプの人間なので、耳で学ぶという点は非常に意識して活用しています。移動中のスキマ時間や仕事に行くまでの準備時間など、ちょっとした時間でもオーディオ教材や講演を聞くことによって、学習効果を高めることができるのです。

②3Dサウンド化の音読をする

耳で聴く勉強以外にも、**「自分の声を自分の耳で聴く」**という勉強方法も効果的です。

このときに、**手の平を隙間が空かないようにお椀型にしてもらって、耳の後ろに添えて音読をする**と、自分の声が3Dサウンド化されます。

この状態をつくると、脳幹に直接情報が届くので、何かを暗記したいときや勉強したいときにも、学習効果が飛躍的に高まります。

私のセミナーでも、テキストを読み上げてもらうときには、「手をお椀型にして3Dサウンド化してから、読み上げてください」と受講生にお伝えしています。そうすることで、ただ単に音読をするよりも、自分ごと化される確率が飛躍的に高まります。

「聴覚タイプ」に効果バツグン！
サウンド化の音読

手の平を隙間が空かないようにお椀型にし、耳の後ろに添えて音読をすると、自分の声が3D サウンド化。“自分の声を自分の耳で聴く” ことで、学習効果が飛躍的に高まる。

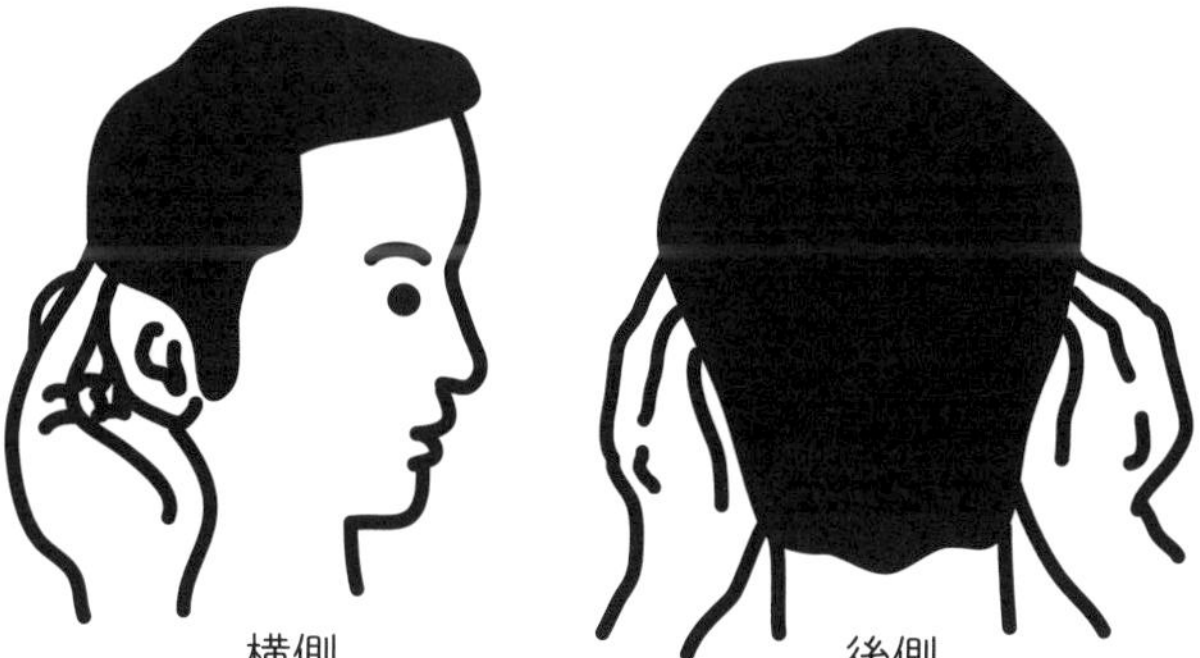

横側　　後側

③集中できるBGMを用意する

集中力を高めたいときは、自分が勉強に集中できるBGMを用意してみましょう。特に聴覚タイプの人は、**自分が集中できる音楽や勉強中のBGMを用意する**ことによって、集中力が持続しやすい傾向があります。

私の場合は、「雨の音」を聞きながら仕事や勉強に集中しています。実際、本書の執筆を進めているときにも、雨の音を聞きながら書き進めています。

もちろん、聴覚タイプだからと言って、全員に雨の音が効果的に作用するというわけではありません。私の受講生さんの中でも、ヒーリングミュージックを聞きながら勉強しているとはかどる人もいますし、好きな洋楽を聞きながら勉強すると集中できるという人もいます。

このように、自分にとって集中できる音源をいろいろと試してみるのも、聴覚タイプの人にとっては有効です。

「身体感覚（触覚）タイプ」に効果的な学習法

①とにかく手を動かしたり、実際に触ってみたりする

身体感覚（触覚）タイプの人は、とにかく実際に身体を動かしながら学習をすることが、勉強で成果を最大化するためのコツです。

机の上で何もせずにただ本をじっと読み上げているというのは、このタイプの性には合いません。

例えば、教科書や教材を読み込むのであれば、**実際に読んでいる箇所を手でなぞってみる、重要な箇所には積極的にアンダーラインを引いてみる、文中にメモをしてみる**など、このような行為を繰り返すことによって、学んでいる内容の自分ごと化が促進されます。

もちろん、他のタイプの人にとってもこの方法は有効ではあるのですが、特にこの身体感覚（触覚）タイプの人には高い効果を発揮します。

逆に、電子書籍といった媒体で学ぶことは、このタイプの人には向いていない可能

性があります。電子書籍という媒体では、紙独特の手触りを再現することができません。それが、この身体感覚（触覚）タイプの人にとっては違和感で仕方がないのです。

②身体でリズムを刻んでみる

身体でリズムを刻んでみることも、この身体感覚（触覚）タイプの人にとっては効果的な勉強法の1つです。

「身体でリズムを刻む」と言われても今ひとつピンと来ない人もいるかもしれません。例えば、私の知っている受講生さんの中には、勉強をしているときに、**貧乏ゆすりのようにして一定のリズムを刻んでいると、脳に情報が入ってきやすい**という人もいます。一般的に考えると、貧乏ゆすりはマナーが悪いなどとも言われていますが、この人にとってはこのリズムこそが、まさに自分の脳に合っている合脳的な学び方なのです。

逆に、このリズムを活用することを止めさせてしまうと、それだけで思考が停止し、全然学んだ内容が頭に入ってこないと本人はおっしゃっていました。

一般的なマナーや礼儀を守ることはもちろん大切ですが、それを必要以上に強要することは、本人の集中力を削いでいる可能性もあるのです。

③触り心地や使い心地のいい、お気に入りの勉強道具を用意する

勉強法について書かれている著者の先生が、著書の中で「この勉強アイテムは使ったほうがいい！」とオススメの勉強道具について解説していることがあります。

この**「お気に入りの〇〇を用意する」**というのは、特に身体感覚（触覚）タイプの人にとっては効果的です。触り心地や使い心地といった要素を、身体感覚（触覚）タイプの人たちはとても重要視するからです。

私の知り合いは、勉強の切り替えをするときはモンブランのボールペンを使うことで、常に勉強のスイッチを入れていました。その人にとっては、モンブランのボールペンの使い心地や触り心地がとても快適で、そのボールペンを握った途端にやる気がみなぎってくるのだそうです。

このような感覚の違いによって変化が起きるのも、身体感覚（触覚）タイプの特徴です。

この学習パターンの効果性がわかる、あるエピソードを紹介します。なお、このエピソードは、私の師匠でもある石川大雅氏の著書『自分に合った脳の使い方』（フォレスト出版）にも同じの内容が記載されています。

私たちのもとに相談に来られた鍼灸師のYさんのお話です。

Yさんは当時、あることで悩んでいました。

それは、「鍼灸師になるための国家試験に合格したいけれど、なかなか覚えられない科目がある」というものでした。

Yさんは、身体の経絡を覚えることに、とても苦労していました。経絡とは、身体のツボのことです。身体のどこに何のツボがあるのか、それが覚えられずに苦労していました。

私たちは、そんなYさんの悩みをしばらく聞いた後、こう尋ねました。

「Yさんが経絡を覚えるのに苦労していることはよくわかりました。ちなみにお聞きしたいのですが、逆にYさんが得意としている科目はありますか？」

質問を受けたYさんは、迷わず答えました。

「はい、あります」と。

この答えが聞けたらしめたものです。私たちはYさんに、Yさんが得意としている科目と、その学び方について細かく質問していきました。

すると、とてもおもしろいことを発見しました。

Yさんが得意としている科目と、Yさんが苦手としている経絡を覚えるための学び方は、まったく異なっていたのです。

具体的には、Yさんが得意としている科目は、専門用語や重要な単語を暗記している最中に、実際に身体の部位を触って動かしていました。

一方、Yさんが苦手な経絡を覚えるための科目は、ひたすら単語を丸暗記するだけ。自分の声を録音して通勤時などにその名称を覚える努力もしていたのですが、まったく覚えられなかったのです。

この2つの科目の学び方の違いから、ある1つの結論が導き出されます。

Yさんにとっての「合脳的」な学習パターンとは、言葉による「聴覚タイプ」だけではなく、実際に身体を動かしたり筋肉を触ったりする、「身体感覚（触覚）」タイプであるということです。

苦手な科目ほど聴覚のみを駆使して必死に覚えようとしていたYさんですが、それはまったくYさんにとって効果的ではなかったのです。

私たちは、**得意科目の学び方を参考にしながら、苦手な経絡の学び方も、できる限り身体感覚（触覚）を使いながら覚えるようにアドバイス**しました。

その結果、どうなったか？

今まではクラスで下から3番目ほどの成績だったYさんは、試験当日にはトップクラスの成績で合格したそうです。そして、今ではYさんは、都内で鍼灸師として活躍されています。

このYさんのように、私たちにはそれぞれ効果的な学習パターンがあります。しかし多くの人は、それに気づかずに無自覚で過ごしてしまっているため、勉強での成果を最大化することができていないのです。

以上が3つの学習パターンの活用事例になります。

これらの事例は、私や受講生さんの事例を中心に取り上げたものになります。そのため、あなたにはあなたにとっての合脳的な勉強法が存在しますし、ぜひそれを見つけてほしいと願っています。

ポイントは、あなたにとって優位性の高い学習パターンを活用するということです。

その点を忘れずに、さまざまな勉強法にトライしてみましょう。

サブの学習パターンを組み合わせると、さらに効果的

あなたにとって合脳的な学習パターンについては、おわかりいただけたと思います。

ここからは、せっかくなのでもう一歩踏み込んだノウハウをお伝えしましょう。

実は、ここまでに見つけてもらったのは、あなたの基本となるいわば「メインの学習パターン」です。

このメインの学習パターンの感覚を活用することだけでも勉強の成果は大幅に上がることが期待されるのですが、より成果を向上させるためのポイントがあります。

それは、**「メインの学習パターンとともに、サブの学習パターンも活用する」**ということです。

先ほど、88ページで学習パターンの合計点数を集計してもらいました。

このときに、**最も点数が高かった学習パターンの次に点数の高い学習パターン**を特定してください。基本となる学習パターンが視覚タイプの人であれば、聴覚タイプもしくは身体感覚（触覚）タイプのいずれかが該当するはずです。

この2番手に来る学習パターンのことを、**「サブの学習パターン」**と呼びます。実は、サブの学習パターンを活用しながら学ぶことも、とても効果的なのです。

私たちの脳は、基本的に五感覚によって情報を知覚していることは、先ほどもお伝えしました。ということは、五感覚を研ぎ澄ませて活用することができれば、それだけ多くの情報量を取得できるということです。

これは、勉強にとっても同じことが言えます。メインの学習パターンとなった1つの感覚に頼るのではなく、サブの学習パターンも積極的に活用することで、より多くの情報を自分ごと化することができます。

サブまで含めると、学習パターンは全6パターン

このように、サブまで含めた学習パターンを考えると、全部で6つのパターンの組み合わせが考えられます。

◎パターン①……メイン：視覚タイプ　サブ：聴覚タイプ
◎パターン②……メイン：視覚タイプ　サブ：身体感覚（触覚）タイプ
◎パターン③……メイン：聴覚タイプ　サブ：視覚タイプ
◎パターン④……メイン：聴覚タイプ　サブ：身体感覚（触覚）タイプ
◎パターン⑤……メイン：身体感覚（触覚）タイプ　サブ：視覚タイプ
◎パターン⑥……メイン：身体感覚（触覚）タイプ　サブ：聴覚タイプ

メインとサブの感覚を組み合わせて、効果倍増！
6つの学習パターン

No.	メインの感覚	サブの感覚
1	視覚	聴覚
2	視覚	身体感覚（触覚）
3	聴覚	視覚
4	聴覚	身体感覚（触覚）
5	身体感覚（触覚）	視覚
6	身体感覚（触覚）	聴覚

あなたはこの6つのうちのいずれのパターンに該当したでしょうか。ぜひ、ここであなたにとって合脳的な学習パターンを、パターン1からパターン6のいずれで特定してください。

パターンが特定できたら、メインの学習パターンとともに、サブの学習パターンも活用しながら勉強の成果を最大化してください。

先ほどもお伝えしたように、状況が異なれば、五感覚の優位性も変化します。今はメインとして活用できている感覚も、しばらくすると優位性が低下してくる可能性もあるのです。

そのときのためにもサブの感覚を活用しておくことで、今から意図的に感覚を研ぎ澄ませることができます。先ほどのそれぞれの学習パターンの勉強法も参考にしながら、サブの感覚も活用して勉強を進めてくださいね。

第3章

学習効果を最大化する「レディネス学習」

勉強に存在する「3つのフェーズ」

さて、あなたの脳に合った学習パターンもわかったところで、ここからはより具体的な勉強法についてお伝えしていきます。

勉強法と聞くと、勉強をしている最中のノウハウやテクニックを想像する人も多いかもしれませんが、実はそうではありません。

何事もそうですが、適切な成果を出すためには、適切な準備が必要です。

試合で自分本来の力を発揮したいのであれば、そのための練習が必要なのと同じです。練習を真面目にやらない選手が、本番で望ましい結果を残せるはずがありません。

実は、勉強もこれとまったく同じです。つまり、勉強中の成果を最大化したいと思ったなら、それだけしっかりとした準備が必要だということです。

私は、勉強という行為には大きく3つのフェーズがあると主張しています。

◎フェーズ1：勉強を開始するまでの準備

◎フェーズ2：勉強中に成果を最大化する
◎フェーズ3：勉強後の振り返り

どのフェーズも、勉強での成果を最大化するためには必要不可欠です。

それぞれのフェーズで脳科学的にも適切な勉強をするからこそ、成果が最大化されるのです。**勉強とは、決して勉強中のことのみを指すのではない**ということをしっかりと覚えておいてください。

さて、あなたが勉強での成果を最大化したいと考えたときに、取り組む順番としては、「フェーズ１：勉強を開始するまでの準備」がスタートになります。

このフェーズで勉強をすることの目標を明確にしたり、目標を達成するための前提や勉強のタイムテーブルなどを明らかにすることで、成果を最大化させるための準備に取りかかります。

勉強でなかなか成果の上がらない人ほど、この準備をおろそかにして、とりあえず勉強をスタートにします。

しかし、途中で大きな障害にぶつかると、モチベーションが続かずに、勉強も頓挫してしまいます。勉強前の詰めが甘いから、このような状況に陥ってしまうのです。

この章では、勉強を本格的に始める前にどのような準備をしたらいいのか、またその準備が脳科学的な観点からもどのような効果があるのかについて、解説をしていきます。

また、次の第4章では、フェーズ2である勉強中に成果を最大化するノウハウについてお伝えしていきます。私が大学生時代のTOEICの勉強で編み出したノウハウや、セミナー受講生にも実際に伝えている勉強メソッドをお伝えしていきます。第4章でお伝えしているノウハウを1つ取り入れるだけでも、勉強をしているときの集中力や学習内容の定着度合いは飛躍的に向上します。

さらに、最後の第5章では、勉強をした後の振り返り方法についてお伝えします。

いくら集中して勉強に取り組んだとしても、その後に振り返りをするのとしないのとでは、勉強で得られる成果には大きな差がつきます。

しかし、勉強した後の振り返りについて学ぶ機会は、驚くほど少ないというのが実際です。学校の先生からも、「学んだことの復習は大事ですよ」とは教えられますが、具体的にどう復習したらいいのかということは、私は一度も教わったことがありません。いったい、どのような振り返りをすれば勉強中の成果を最大化できるのかについて、第5章では解説をします。

以上のような流れで、3つのフェーズについてお伝えします。ぜひ楽しみに読み進めてくださいね。

ただし、**どのフェーズにおいても、第2章で明らかにした学習パターンが前提にある**ことは頭の中に入れておいてください。「自分の学習パターンは○○だから、このような方法で進めようかな」と自問自答しながら読み進めると、より自分ごと化が促進されます。

勉強には、やっぱり準備が必要不可欠

それではここからは、勉強前の必要準備についてより詳しくお伝えします。

私は、どんな資格試験であれ、受験勉強であれ、**勉強の成果を最大化するためには、勉強前の準備が最も大切**だと感じています。

どんな分野においても、準備の重要性は変わりません。優れた営業マンほど、商談

の前にしっかりとお客様を分析し、効果的な提案につなげます。逆に、成果の上がらない営業マンほど、準備を疎かにして半ばぶっつけ本番で商談に臨みます。それでは、効果的な提案ができるはずもありません。

スポーツの世界も同様です。優れたスポーツ選手ほど、試合本番で120%の力を発揮するために、練習で必死に自分を追い込みます。**練習以上の力を本番で出すことはできないと、感覚的にわかっている**からです。

まさに、勉強もこれと同じです。

しかし、残念なことに、準備もまともにせずにいきなり勉強を始めて、結局は三日坊主で頓挫してしまう人が、とても多いように感じてなりません。

例えば、何かの資格を取得したと思い立ったら、とりあえず書店に足を運んで良さそうな書籍を購入し、家に帰って勉強を始めてみるといった行動を取っている人が、とても多いように感じるのです。

しかし、このように準備もせずに始めてうまくいくのは、ほんのひと握りの人です。かくいう私も、このように中途半端な準備しかせずに始めた勉強については、ほぼ間違いなく挫折しています。

成果が飛躍する「レディネス学習」

心理学や教育の現場で使われる言葉で、レディネス（readiness）という専門用語があります。**レディネスとは、「学習が成立するための前提となる知識や経験、心身の準備が整っている状態のこと」**を指します。

逆に、レディネスが整っていない状態で学習を進めたとしても、効果が出ないばかりか、マイナスに働く場合もあります。

例えば、そもそも勉強をする気のない子どもたちにいくら先生が指導をしても、子どもたちはよりいっそう勉強に対してのやる気をなくしてしまいます。先生は必死に話をするのですが、そもそも子どもたちには先生の話を聞く気すらないのです。このような状態が悪化すると、学級崩壊にもつながりかねません。

そうではなく、「そもそも、この勉強をすることは、自分たちにとってどのような意味があるのか？」「この勉強を進めることで、自分たちにはどのようないいことがあるのか？」などのことについて、子どもたちが腑に落とす必要があります。

勉強することの意味を、「自分ごと化」させるのです。自分ごと化させることで初めて「先生の話を聞く姿勢」をつくり出すことができます。

このようなレディネス状態をつくり出す学習のことを、**「レディネス学習」**と言います。

私が勉強前の準備が大切だと主張しているのは、まさにこのレディネス学習をすることに他なりません。

勉強が頓挫してしまう大半のケースも、このレディネス学習が不十分であることに起因するのであって、決して頭の善し悪しではありません。モチベーションの問題でもないのです。

しっかりしたレディネス学習を実施すれば、誰でも勉強での成果を飛躍的に高めることができます。

では、勉強中の成果を最大限に高めるレディネス学習とは、いったいどのようなものなのでしょうか？

ここからは、私が自分自身にも適用したり、受講生にも活用したりしているレディネス学習メソッドをお伝えしていきます。

なお、このレディネス学習メソッドは、資格試験や受験勉強はもちろんのこと、普段の仕事で高いパフォーマンスを求められるときにも活用できるメソッドとなっています。ぜひ普段から活用して自分のものにしてください。

目標を明確にする――「レディネス学習」その①

まず始めに取り組むレディネス学習は、「目標を明確にする」ということです。

目標を明確にするのは当たり前のことだと思うかもしれませんが、意外とこの目標設定をしないままに勉強を始める人はたくさんいます。目標を設定することは、すべての始まりです。**目標設定すること自体が、モチベーションの源泉**にもなります。目標を達成したときの喜びは、何とも言えません。

また、目標を設定していたとしても、そもそもの目標の立て方が効果的ではなく、**残念な目標設定**になっているケースも私はたくさん見てきました。あなたも、そのような残念な目標設定をしてはいませんか？

ゴールがあいまい——残念な目標設定その①

残念な目標設定の典型的なパターンの1つは、「ゴールがあいまいである」ということです。

「〇〇の資格に合格する！」「〇〇の大学に合格する！」

このような目標を立てる人は多いと思いますが、私から言わせれば、このような目標設定はまだまだ甘いと言わざるを得ません。

まず、いつから勉強を開始して、いつまでに合格するかという**「スタート期限」**と**「完了期限」**が明確ではありません。

このような漠然とした目標を立てても、脳はあなたに行動を起こさせようとはしません。

さらに、「〇〇の資格に合格する！」というのは**最終目標**であって、そこに至るまでの**中間目標**も明示されていません。

先ほどもお伝えしたように、モチベーションを継続させるコツは、小さな成功を積み重ねることです。中間目標を着実にクリアしていくことで小さな成功が生まれ、それがあなたのモチベーションにつながります。

最後に、目標には**「定量的目標」**と**「定性的目標」**の２種類があります。

定量的目標とは、数字で表現できる目標のことを言います。「テストで○○点以上を取る」というのは、定量的目標になります。

一方の定性的目標とは、数字では表現されない心身の状態、状況や環境についての目標のことを言います。例えば、どんなにテストで優れた点数を取得しても、体調を崩してまで目標を達成するのは、決して望ましいと言えませんよね。その場合は、「心身ともに健康な状態を維持しながら試験に合格する」といったことが定性的目標になります。

この２つの目標の違いを、しっかりと意識しましょう。

目標に意味づけをしていない——残念な目標設定その②

残念な目標設定の２つ目のパターンは、目標に意味づけをしていないということです。

勉強が続かない多くの人は、目標を立てたとしても、その目標に意味づけをしません。

つまり、**「この目標を達成することができたら、どんな理想の状態が待っているんだろうか？」**という、ポジティブな未来記憶をイメージすることができていないのです。

だから、目標が目標のままで宙に浮いた状態になってしまうのです。

これは、勉強に限ったことではありません。

例えば、営業マンの仕事1つ取ってみてもそうです。会社から課せられた新規契約数などのノルマは、あくまで会社から渡されたものでしかありません。それはただの数字であって、まったく意味づけがなされていません。

このような数字だけを与えられても、多くの営業マンは自分にとってどういう意味があるのかという未来記憶がつくれていないので、行動を起こそうとしません。

そうではなく、「この数字が達成できたら、社内の人たちからも一目置かれて、より自分のしたいことが社内で実現できるぞ！　そうしたら、キャリアアップの道も開けて、賞与の増額や昇給も具体的な視野に入るな！」といったような意味づけをするから、目標達成行動が取れるのです。

勉強についてのメカニズムも、これとまったく同じです。

目標を立てたら、必ず意味づけをする。脳科学的に言うと、「リアルで生き生きとした未来記憶をつくり出す」ことが重要になります。

以上が、残念な目標設定によく見られるパターンの2つです。この2つのパターンをしっかりと踏まえ、効果的な目標設定を行ないましょう。

行動したくてたまらなくなる！　目標の設定方法

ではここからは、具体的に目標設定の方法についてお伝えしていきます。本書で解説されている内容に沿って、**「目標設定ワークシート」**に順次記入していきましょう**（目標設定ワークシートは、本書巻末に載っている読者限定特典ＵＲＬからダウンロードできます）**。

目標を明確化する
目標設定ワークシート

目標	定量的目標
	定性的目標
中間目標	中間目標①
	中間目標②
	中間目標③
未来記憶	

※この「目標達成ワークシート」は、本書巻末に載っている読者限定特典 URL からダウンロードできます。

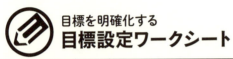

◆【目標設定ステップ①】定量的目標と定性的目標を設定する

最初の目標設定ステップは、定量的目標と定性的目標の設定です。

定量的目標の欄には、必ずスタート日時と完了日時を明記しましょう。もし資格試験での取得点数などの目標があれば、そのような目標もきちんと明確にしておくことが重要です。

定性的目標の欄には、数字では表現されない心身の状態やあなたが目標とする環境などを記載しましょう。この定性的目標が明確ではないと、自分の生活リズムを乱してまで勉強をしたり、普段の生活や仕事を犠牲にしてまで勉強をすることにもなりかねません。この点を踏まえながら、定性的目標も明記してください。

◆【目標設定ステップ2】中間目標を設定する

定量的目標と定量的目標が設定できたら、次は中間目標の設定になります。定量的目標と定性的目標が最終目標だとしたら、中間目標とは、いわばその**目標に到達するべき道標**のようなものです。この道標を設定しておくことで、あなたは迷わずに目標実現に向けて行動を起こすことができます。

目安としては、**3つ以上の中間目標を設定**しておくと、それが目印となって効果的です。

◆【目標設定ステップ3】未来記憶をイメージする

目標設定ステップ3は、未来記憶のイメージです。ここで言う「未来記憶」とは、「この目標が達成できたとしたら、どのような望ましい未来が待っているのか」という**目標達成後の状態をイメージする**ことです。

この未来記憶を鮮明にイメージすればするほど、あなたは目標に向かって意欲的に取り組むことができます。

書いているうちに思わずワクワクしてしまうような、そんな未来記憶をステップ3では書き出していきましょう。

なお、この**未来記憶をイメージする際には、第2章で明らかにした学習パターンを活用**します。

学習パターンが**視覚タイプの人**は、文字だけの未来記憶ではなく、写真や絵などを活用した未来記憶を設定するのが効果的です。

目標達成した後のイメージを、絵や図などでビジュアル化して家の壁などに貼っておくのです。そのような工夫を凝らすと、視覚タイプの人はよりいっそう意欲的に行動を続けることができます。ぜひ試してみてください。

聴覚タイプの人は、自分が立てた目標をボイスレコーダーなどで録音し、隙間時間などのちょっとした時間に聞いてみることを推奨します。

耳を使って聴覚を活用することで、日々の目標を意識し続けることができるため、自然と目標達成のための行動が起こせるようになります。

身体感覚（触覚）タイプの人は、その目標を想起できるアイテムや縁起物を持参しておくことも効果的です。

私の知人は、英語の資格試験に合格する目標を立てた際には、いかにも英語を喋りそうな小さな外国人のぬいぐるみを購入して、勉強期間中は常にそのぬいぐるみをお守りのように大切していたそうです。

勉強中もずっとそのお守りを机の上に置いていたそうですが、自分が勉強をさぼっていると、そのお守りに怒られているような気がして、やらざるを得ないと言っていました（笑）。

このように、手で触れて実感できるものなどで勉強のイメージを意味づけしておくことも身体感覚（触覚）タイプの人には効果的です。

「前提」を明らかにする――「レディネス学習」その②

効果的な目標設定ができたら、次のステップに進みます。

レディネス学習の２つ目は、「前提を明らかにする」です。

前提という言葉を、あまり聞き慣れたことがない人もいるかもしれません。前提の意味を辞書で調べてみると、「ある事が成り立つための前置きとなる条件のこと。あることが成り立つためのもとになる条件のこと」とあります。うーん、これではわかったようでよくわかりませんね。

私がここで使う前提という言葉の意味は、**「目標を達成するために必要な考え方や行動、能力やその他の条件などのこと」**を指します。目標を達成するために必要なあらゆる事柄は、すべて前提という言葉でひと括りにすることができます。

この前提という概念は、とても重要です。

ほとんどの人は、目標を立てたとしても、前提を押さえることをせずに、いきなり具体的な行動に移ります。しかし、私がセミナーやコンサルティングの現場で年間500人以上の人を観察した結果、この**前提の違いが後の大きな結果の違いを生み出しているる**ことが、明らかになりました。その事例を少しお話したいと思います。

わずかな「前提」の違いが生んだ、大きな違い

ある国家試験の合格を目指していたTさんとHさんという2人の女性のお話です。

2人は会社の中でも特別な存在感を発揮していて女性社員からも一目置かれる、キャリアウーマンとして活躍している方々でした。

そんな2人は、より仕事での高みを目指したいと考え、ある国家試験に挑戦することを決意しました。日々の仕事がとても忙しい中で、なんとか時間の調整をしながら勉強を続ける2人。その努力には、私も頭が下がる思いでした。

そんな日が1カ月ほど続いたある日、2人の勉強の成果にも少しずつ差が見られる

ようになってきました。Tさんは、仕事にも勉強にも全力投球という姿勢で、睡眠時間を削って深夜遅くまで資格勉強をするというスタイル。その結果、過去問集など勉強での途中経過は至って良好。私にも喜びの報告が定期的に送られてきました。

一方のHさんの勉強スタイルは、ひと言で言うとマイペース。仕事はもちろんのこと、自分が大切にしたいプライベートの時間も組み込んだ上で、勉強のスケジュールを調整していました。過去問などでもなかなか点数が上がらずに焦っているシーンも見受けられましたが、それでも自分のペースを大事にしながら日々の勉強を続けていました。

そして、半年後。見事、Hさんは目標としていた国家資格に合格することができました。私にも喜びの報告とともに、合格証の写真が送られてきました。

一方のTさんは、どうなったのでしょうか。

Tさんは、残念ながら、その資格試験を受ける前に挫折してしまい、勉強すること自体を投げ出してしまったのです。

あんなに順調に勉強していたTさんが、なぜ挫折してしまったのだろうか？

疑問に思った私は、2人に許可をもらい、インタビューをしてみることにしました。

そこで明らかになったのが、まさに2人が考えていた「前提」の違いでした。

まず、**Tさんと Hさんでは、勉強の予定の組み方に大きな違いがありました。**

Tさんは、睡眠時間を削ってまで勉強の予定をぎっしりと詰め込んでいました。このときのTさんの前提は、**「空いている時間には、できるかぎり勉強の予定を詰め込む」**という前提で予定を立てていました。

勉強時間を限界まで確保することは一見良さそうに思えますが、予定というのは、だいたいが狂うものです。仕事の残業などで仕事が遅くなった日には、思ったように勉強時間が取れません。最初の頃はそれでも睡眠時間を削って勉強ができていたそうですが、そう体力が続くはずもありません。

Tさんは、そんな生活にストレスがたまって体調を崩してしまい、そこから大幅に予定が崩れて、勉強を途中で投げ出してしまったのです。

一方のHさんは、あらかじめ余裕をもたせた計画を組んでいました。**「スケジュールどおりに物事が進むとは限らない」**という前提を持っていたHさんは、自分が立てた計画の1・3倍ほどの時間はかかるだろうと見積もって、勉強を進めていたのです。

結果的にはこのスケジュールが功を奏しました。仕事の急な残業やプライベートで急用ができて勉強時間が取れないことも多々あったそうですが、そこはあらかじめ余裕を持った計画を立てていたHさん。そのおかげで自分のペースを崩さず、心理的にもゆとりを持って勉強を進めることができたとおっしゃっていました。

このTさんとHさんのケースは、まさに前提の違いが結果にも大きな違いがもたらされることを如実に表しています。

Tさんが勉強の計画を立てるときの前提は、**「空いている時間にはできるかぎり勉強の予定を詰め込む」**というもので、睡眠時間を削ってまで勉強をするスケジュールを組んでいました。

一方の**Hさん**は、**「スケジュールどおり物事が進むとは限らない」という前提を持ち、通常の1・3倍の余裕のある時間を見積もって予定を立てていました。**

この前提の違いが、Tさんを苦しめ、逆にHさんには望ましい結果をもたらしたのです。

「前提」を明らかにする質問集

前提がもたらす違いと重要性については、あなたにもおわかりいただけたと思います。

ここでのポイントは、**「多くの人が自分の前提には無自覚である」**という点です。だからこそ、明確な目標を抱いた次のステップとしては、その目標を達成するための前提をしっかりと自覚する必要があるのです。

次ページに、私が実際に活用している「前提を明らかにする質問集」を記載しています。

この質問に答えていくことで、目標を達成するための前提を明らかにすることができます。なかには聞かれたことのないような質問もあるかもしれませんが、できるかぎり多くの前提を書き出してください（質問の〇〇の部分には、あなたが達成したい目標が当てはまります）。

「前提」を明らかにする質問集

前提を明らかにする質問例
（ポジティブ・ネガティブ両方の前提を書き出す）

■「○○の目標を達成するために、必要となる条件を挙げるとするならば、どのようなことがあるのだろうか？」
■「○○の目標を達成するために、考慮するべきことがあるとすれば、それはどのようなことなのだろうか？」
■「○○の目標を達成するために、あらかじめ踏まえておかなければいけない点があるとすれば、それはどのようなことだろうか？」
■「○○の目標を達成するために、障害となる要素があるとすれば、どのようなことが挙げられるのだろうか？」
■「○○の目標を達成するために、最低限押さえておくべきことがあるとすれば、それはどのようなことだろうか？」
■「○○の目標を達成するために、譲れないポイントがあるとすれば、それはどのようなことだろうか？」

前提を明らかにする質問例 ～その2～
（ポジティブ・ネガティブ両方の前提を書き出す）

■「○○の目標を達成するために、こだわる必要性のある事柄を挙げるとすれば、どのようなことが挙げられるのだろうか？」
■「○○の目標を達成するために、やってはいけないことがあるとすれば、それはどのようなことだろうか？」
■「○○の目標を達成するために、手放さなければいけないことがあるとすれば、それはどのようなことだろうか？」
■「○○の目標を達成するために、止めなければいけないことがあるとすれば、それはどのようなことだろうか？」
■「○○の目標を達成するために、効果的な資源（リソース）があるとすれば、それはどのようなことだろうか？」
■「○○の目標を達成するために、役に立つ人物や情報があるとすれば、それはどのようなことだろうか？」
■「○○の目標を達成するために、あらかじめやっておくことがあれば、それはどのようなことだろうか？」

「前提」を書き出すときのポイント

前提を書き出すときのポイントは、**ポジティブな前提だけではなく、ネガティブな前提まで明らかにしてしっかり書き出す**ことです。

ネガティブな前提までしっかりと書き出すから、目標達成の確率がより高まるのです。

Hさんの事例でも、「スケジュールどおり物事が進むとは限らない」という一見ネガティブな前提を押さえていたから、余裕を持ったスケジュールを組むことができましたよね。**各設問に対して、できるかぎり多くの前提を書き出していきましょう。**

すべての質問に対する前提を書き終えたら、その中でも**特に重要となる上位3つの前提に、自分でわかるようにチェック**をつけておきましょう。

重要かそうでないかの判断基準は、どれだけ目標達成に影響を与えるかという判断基準でかまいません。

目標を達成するために押さえておかなければならない前提を明らかにしておくこと

で、その前提に沿った計画づくりにも着手することができます。
ぜひ多くの前提を書き出して、そこから上位3つの重要な前提を特定しましょう。

「方略」を定める——「レディネス学習」その③

前提を明らかにすることができたら、次はその前提をもとに「方略《ほうりゃく》」を定めていきます。

この方略という言葉も、初めて聞いた人が多いかもしれません。方略という言葉は、私の師匠であり、脳科学コンサルタントの石川大雅氏より教えていただいた考え方です。

方略とは、**「成し遂げたいテーマ、事柄に関わる前提を明らかにした上で、〝方向性〟を明らかにしたもの」**のことを言います。

教育学でも、**「学習方略」**という考え方が活用されていますので、興味のある人は調べてみてください。

本書でお伝えしている方略の意味合いとしては、目標を達成するための方向性を明らかにすることだと考えてください。

先ほど、前提を明らかにするステップをお伝えしましたが、このステップで書き出した前提を眺めながら、方略を決定していきます。

特に、**上位3つの重要な前提には必ず注目**しましょう。その前提を踏まえた方略を策定することが、目標を達成するためにはとても重要なポイントです。

方略を決定する感覚としては、書き出した前提を包含するような方向性を定めるイメージです。あくまでも、この前のステップで書き出した**前提を参考にして方略を書き出す**。前提とまったく関係のない方略は、ここでは定めないようにしてください。

すぐにでも具体的な勉強に入りたいところですが、この方略を明らかにしているのとそうでないのとでは、結果にも大きな影響を及ぼします。

事前に勉強の方向性をしっかりと自覚していれば、その方向性に沿って勉強の計画も立てることができます。

しかし、勉強の方向性を自分の中で腑に落としていないと、いわゆる〝つまみ食い現象〟が発生します。

自分のわからないところはつまみ食い程度に勉強し、興味のある分野や得意な分野だけを掘り下げて勉強しようとしてしまうのです。これでは、成果が上がるはずがありません。

次ページに、目標設定から方略策定までの一連の流れの例を示したワークシートを記載しておきます。**本書巻末の読者限定特典URLには白紙のワークシートもダウンロードできるようにしてあります**ので、そちらもぜひご活用ください。

そして、機会があればこの目標達成ワークシートを確認して、自分の目標を見失わずに突き進んでいきましょう。

全体観をつかむ——「レディネス学習」その④

次のレディネス学習は、「全体観をつかむ」です。

ここまでのレディネス学習で、あなたは目標を明確にし、そのために必要な前提を押さえ、今後の大きな方向性を定める方略まで明らかにすることができました。

次にあなたがレディネス学習で取り組むことは、あなたが勉強したいテーマにおけ

目標・前提・方略まで、ひと目でわかる

目標達成ワークシート

目標	定量的目標
	定性的目標
中間目標	中間目標①
	中間目標②
	中間目標③
前提（上位3つ）	前提①
	前提②
	前提③
方略	

※この「目標達成ワークシート」は、本書巻末に載っている読者限定特典 URL からダウンロードできます。

る全体観をつかむことです。

全体観とは、私がつくった造語です。

全体観をつかむとは、「○○の全体像はこうなっているんだな」と、あなたの中で全体像を腑に落として勘所をつかむことです。

例えば、あなたが税理士試験への合格を目指して勉強を始めるとします。しかし、税理士試験を初めて受験する人であれば、そもそも税理士試験がどのような科目で構成されているのかわからないと思います。その他にも、合格するためにはだいたいどのくらいの勉強時間を要するのか、毎年の合格率は何%くらいなのか、過去の試験と直近の試験とでは、その傾向に何かの変化はあるのだろうか、などなど。

このように、税理士試験についての**全体像がつかめないまま勉強をしても、とても非効率**です。勉強の計画すら立てることができないでしょう。もしかすると、とても遠回りの勉強をしてしまうかもしれません。

そのような事態を未然に防ぐためにも、まずは「税理士試験とはいったいどういうものか?」という全体像をつかみ、**あなた自身が勉強するべき分野を特定する**必要があります。

そして、その分野の中でも特に何が重要な要点となるのか、合格のキモとなるポイントはあるのかないのか。合格までの勉強時間は平均するとどのくらいなのか。平均合格率はどうなっているのかなど、全体観をつかむことが重要です。

今は書店に足を運ばなくても、インターネットで膨大な量の情報を調べ上げることができます。税理士試験の科目はもちろんのこと、推薦図書や合格者が語る合格の秘訣なども、簡単に拾い上げることができます。

「全体観をつかむ」ためにオススメの方法

私が全体観をつかむためにオススメしている方法の1つが、**「自分が勉強したいテーマに関する本を、5冊～10冊まとめ買いする」**ということです。

まとめ買いをした後に、**それらの本に書かれている共通点を探していく**のです。共通で主張されているということは、その分野においてはかなり重要である可能性が高いということです。まさに、その分野における勘所なのです。

例えば最近、私は哲学についての勉強をしたことがあったのですが、そのときも同様の方法を取っていました。

哲学に関する全体観をつかむため、哲学を扱っている書籍を5冊〜10冊まとめ買いし、哲学についての全体観をつかんでいきました。そうすると、

「なるほど、そもそも哲学には古代哲学・中世哲学・近代哲学という時間軸上の3つの分類の仕方があるんだな。名前をよく聞くソクラテスやプラトンは古代哲学に分類される偉人たちで、プラトンはソクラテスの弟子で、プラトンのこのような主張はソクラテスに影響を受けていて……」

このように、自分の頭の中でそのテーマに関する全体像を構築していく感覚です。

ただし、**このときにやってはいけないのは、細かい部分に入りすぎないこと**です。あくまでも全体観をつかむことが目的なので、具体的な内容にはまだ入る必要はありません。むしろ、この段階で個別具体の細かい部分に入ってしまうことは逆効果です。

お手本をモデリングする――「レディネス学習」その⑤

次にご紹介するレディネス学習は、お手本をモデリングするという方法です。

モデリングは、日本語に訳すと**「観察学習」**と言います。社会心理学者のアルバート・バンデューラ氏が提唱した考え方で、他者の行動や考え方を観察することで、学習が促進されることを言います。

実はこのモデリング、勉強の成果を上げるためにも非常に重要な要素となります。

あなたがこれから勉強で達成したい目標というものは、**よほど珍しい目標でない限りは、世の中の誰かがすでに達成したことのある目標である**ことがほとんどです。

先ほど税理士試験の例を挙げましたが、すでに税理士試験に合格している先輩方はたくさんいます。他にも、何かしらの資格試験や大学受験にしても、すでにその試験や大学に合格したことのある先輩は、ほぼ１００％の確率でどこかにいるはずです。

まだ合格したことのない自分の経験に頼るよりも、先人たちの叡智を上手に活用したほうが、比べ物にならないほど効果的に勉強ができます。

つまり、ここで言うモデリングとは、**あなたが目標としている成果をすでに実現している人から、合格の秘訣を学ぶ**というノウハウです。

できれば直接お会いして、合格するためのノウハウやコツなどを、徹底的にインタビューして学ぶのです。

実際に合格している人から話を聞くことほど、貴重なデータはありません。書籍や教材だけでは学べない真実が、そこには必ず眠っています。苦労話や失敗談も含めて、できるかぎりリアルな話をお手本の方から聞いてください。

現代はインターネットやSNSが発達したおかげで、誰でもが簡単にコンタクトを取り合える時代になりました。有名な資格試験であれば、その資格に合格するためのノウハウ本を出している著者も、たくさんいるでしょう。思い切ってコンタクトを取ろうと思えば、いくらでもコンタクトは取れるはずです。

ただし、ここでの注意点としては、**できるだけ前提条件の近いお手本からモデリングする**ということです。

20年前に合格した人の話を聞いたところで、参考にならないケースも多々あります。そもそもの試験制度や科目自体が変わってしまい、20年前と今ではまったく環境が異なる可能性が高いからです。

それよりも、比較的受講年度の近いお手本からモデリングしたほうが、実際の試験には役立つことでしょう。このような受講年度というものも、前提条件の1つです。

前提条件が異なりすぎると、いくらモデリングしても参考にならない場合があります。前提条件が同じかどうかを見極めながら、お手本から真摯に学びましょう。

一人でやろうとする人ほど、うまくいかない

私がこのモデリングについての話をすると、「自分の力ではなく、人の助けも借りながら勉強をするのですか？　なんだかそういうの、苦手です」と言う人がよくいます。どうも、人の力を借りたりお願いをしたりするのが苦手な人が多いようです。お手本の人に悪いと思っているのか、恥ずかしいのかはよくわかりませんが、誰かを巻き込んで目標達成をすることが苦手な人が驚くほど多いのです。

しかし、私自身がコンサルティングやセミナーなどで多くの人を見てきた結果、これだけは断言できます。

それは、**一人で何でもしようとする人ほど、うまくいかない**ということです。一人で黙々と取り組むことを美徳と考える人もいるようですが、私は、それは違うと思っています。

お手本の人の知識や知恵をお借りすることができれば、あなたは今よりも何倍も速いスピードでゴールに到達することができます。そして、あなたが速くゴールに到達することができれば、またそこで培った知識や知恵を、多くの人に分け与えることができるのです。

これは、勉強ではなく、仕事でもそうです。

仕事でなかなか成果の上がらない人ほど、何でも自分で問題を解決しようとします。しかし、結局は山積みになった問題を解決できずに後回しになり、気づいたときにはもう手遅れ。結果的にはまわりの人に迷惑をかけることになってしまう。このようなケースを私はごまんと見てきました。早い段階で上司や同僚の力を借りることができていれば、そこまで問題が大きくなることもありません。

逆に、生産性の高い人ほど、多くの人を巻き込みプロジェクトを推進させているケースがほとんどです。自分が苦手な部分は補佐してもらったり、忙しくて手が回らないときは誰かに仕事を頼んだり。そうして、他者の力をうまく借りながら、仕事を進めているのです。

ここで大切なことは、「仕事をお願いしても喜んで手伝ってくれるような関係性を普段から築いておく」ことです。

嫌いな人から仕事を頼まれても、喜んで仕事を引き受ける人はいません。普段から良好な関係性を構築し、信頼関係を築いているから多くの人を巻き込めるのです。そのような関係性を築いていれば、仕事をお願いすることにも億劫でなくなるはずです。

ぜひ勉強においても、お手本となる方々の力を積極的に活用しながら、最短で目標達成までの道を駆け抜けていきましょう。

タイムテーブルを作成する——「レディネス学習」その⑥

ここまで来たら、いよいよ次はタイムテーブルを作成します。

合格までの勉強期間をどのようにスケジューリングするのかを決定するのが、このタイムテーブルの作成です。

具体的なタイムテーブル表は、本書巻末にある読者限定特典URLからダウンロードできますが、ここでは最初にタイムテーブル作成のポイントを3つお伝えたいと思います。

◆【タイムテーブル作成のポイント①】バッファーを見積もる

最初のポイントは、バッファーを見積もることです。

ここで言うバッファーとは、**余裕やゆとり**のことだと捉えてください。つまり、タイムテーブルに予定をぎっしりと詰めるのではなく、ある程度の余裕を持ったタイムテーブルを作成することです。

目安としては、できれば**1・5倍程度の余裕を持ってスケジュールが組めると理想**です。

しかし、1・5倍のスケジュールを組むのは現実的ではないので、**自分が理想とするスケジュールの1・2倍程度の余裕があると、予定もだいぶ組みやすくなる**でしょう。

そのためには、大きく2つのステップで、タイムテーブルを作成する必要があります。

最初は、自分が最短だと思うスケジュールでタイムテーブルを組んでみるのです。

例えば、平日は2時間勉強して、週末の土曜日は倍の4時間の勉強時間を計算してスケジュールを組んだとします。そうすると、１週間の勉強時間は２時間×５日＋４時間×１日＝14時間となります。１カ月が４週だとして換算すると、毎月の勉強時間は約56時間となります。これが、通常のタイムテーブルの作成方法です。

しかし、**ここで言うバッファーを見積もったタイムテーブル策定**とは、これとは方法が異なります。

今の事例であれば、１カ月で約56時間の勉強時間が必要なので、ここに１・２を掛けてみます。そうすると、約67時間の勉強時間が１カ月で必要だということがわかります。この67時間を前提にしてタイムテーブルを策定するのが、バッファーを持つということです。

この場合、タイムテーブルはどのように組み直せばいいでしょうか？

通常のタイムテーブルと比べると、約11時間の確保が必要なので、月のどこかの土曜日は、４時間ではなく倍の８時間を勉強時間として確保します。これで、４時間のスケジュール確保ができます。

さらに、完全オフにしている毎週日曜日のいずれかを、１日は勉強予備日として確保しておくのです。そこで７時間以上の時間を確保することができれば、バッファーとして増えたぶんの11時間を確保することができます。

これが、バッファーを見積もった上でのタイムテーブルを作成するというイメージになります。

もちろん、通常のスケジュールどおりに勉強が進むのであれば、無理にバッファーとして空けておいた時間を勉強に充てることはありません。プライベートの時間として有効活用すればいいでしょう。

しかし、だいたいは何かしらの突発的な仕事や急用が入り、予定というのは変更になるものです。そうでなくても、勉強に身が入らずにサボってしまう日もあるでしょう。

そんなことも前提に入れて通常の1・2倍の時間を見積もったタイムテーブルを作成しておくことで、心理的に焦らずに勉強を進めることができるのです。

◆【タイムテーブル作成のポイント②】中間目標を明記する

この章の前半でもお伝えしましたが、中間目標を設けることは、モチベーションを継続させるための重要な工夫の1つです。

私たち人間は、長期的な目標に対しての意欲は低下する傾向にあります。しかし、比較的**短期の目標については、意欲高く取り組みやすい**のです。

例えば、勉強の期間が６カ月間あるとしたら、６カ月後の試験合格だけを目指しても、なかなか意欲を保ち続けることは難しいのです。６カ月の勉強期間があるとしたら、２カ月ごとに模擬試験を受ける機会を設けて、そこでの目標点数を定める。そして、その目標点数を達成することを中間目標とすれば、意欲の高い状態で目標達成にも突き進むことができます。

最終目標だけではなく、中間目標までもしっかりと明記して取り組みましょう。

◆【タイムテーブル作成のポイント③】振り返り機能を持たせる

最後の３つ目のポイントは、振り返り機能をもたせるということです。

このポイントも抜けている人が多いので、要注意です。勉強に限らず仕事でもそうですが、立てた計画がどれだけ予定どおりに実施されていて、逆にどれだけ予定どおりに実施されていないのかを振り返りをしている人が、どれだけいるでしょうか？

計画を立てたとしても、そのほとんどがつくって終わりとなってしまい、振り返る機会などほとんどないのではないでしょうか？

この現象は、新年に立てた目標に似ています。年末年始になると、多くの人が意気込んで新年の目標を立てます。

しかし、果たしてその目標を日々の生活の中でどれだけ意識できているでしょうか？

気づいたときにはもう年末になり、どのような目標を立てたのかすら、忘れてしまっているというのが、実際のところではないでしょうか。

勉強に関する振り返りも、これと同じです。振り返りをしないから、タイムテーブルを本当の意味でうまく活用できないのです。

振り返りをすることの目的は、「うまくいっている要因とうまくいっていない要因とを分析し、今後の改善につなげていく」ことです。

改善を積み重ねるから、より精度の高いタイムテーブルが作成できるのです。**毎日の振り返りが難しければ、週単位の振り返りでもかまいません**。必ず振り返りをする習慣を身につけることで、計画の精度は確実に向上します。

それは、すなわち勉強に合格する確率も向上するということです。ぜひ振り返りを

タイムテーブル作成のポイント

ポイント	内容
バッファーを見積もる	通常の 1.2 倍の時間を前提にタイムテーブルを作成する。
中間目標を設定する	最終的なゴールにたどり着く前に、3 つの中間目標を設定する。
振り返り機能を持たせる	定期的にタイムテーブルを振り返り、成功要因と失敗要因を分析する。

※著者が実際使っているタイムテーブルは、本書巻末にある読者限定特典 URL からダウンロードできます。

実践していきましょう。

以上の3つが、タイムテーブル作成のポイントになります。

なお、以上の3つのポイントを盛り込み、実際に私が使っているタイムテーブルについても、本書巻末にある読者限定特典URLからダウンロードできます。ぜひダウンロードをして、あなたのタイムテーブル作成にお役立てください。

コミュニティをつくる——「レディネス学習」その⑦

この章で最後にお伝えするレディネス学習は、コミュニティづくりについてです。一人でやらずに、誰かを巻き込むことの重要性はすでにお伝えしました。これを普段の勉強から活用しようと考えたときに効果的なのが、まさにコミュニティをつくるということです。

私のオススメは、同じ勉強の目標を持つ知人や友人たちを集めて、facebookなどでグループを作成し、**お互いの進捗状況を報告し合う**という仕組みです。

やってみるとわかるのですが、このコミュニティづくりというノウハウは、あなたの行動を促進するためにかなり強力です。お互いわからないところがあれば、相互に支援をすることができますし、何より仲間から勉強の刺激をもらい続けることができます。

コミュニティの力を裏付けるメカニズムとして、**「代理経験」**というものがあります。

「代理経験」とは、他者の行動・結果を観察することで、自身の自己効力感が変化するメカニズムを指します。

例えば、自分と似たような状況の人があるプロジェクトを成功させると、「それなら自分もできるはずだ」と考え、自己効力感が高まる傾向があることが判明しています。

第2章で、私が親友のHくんのTOEICの点数を見て奮起したというエピソードをお伝えしましたが、これはまさに代理経験によるものです。

「○○さんができるなら、私にも（俺にも）できるんじゃないか！」

こう思ってモチベーションが高まったことは、あなたにも経験はありませんか？

これこそが、代理経験の効果によるものです。**他人の成功体験を「代理経験」することによって、自己効力感が高まった**のです。

代理経験の考え方こそが、コミュニティ運営に活用できるのです。

つまり、お互いの進捗状況を報告し合うことによって代理経験が促進され、各自の自己効力感が高まります。自己効力感が高まると、人は目標に向かって行動する意欲が湧いてきます。だから、途中で投げ出すことなく、行動し続けられるのです。

私は、まさにこのコミュニティの力で早起きを克服した一人です。

昔、早起きが苦手なことを克服したかった私は、クライアント2人を巻き込んで、朝7時から強制的にSkypeセッションするという、「早朝コンサルマラソン」という名の企画を主催したことがあります。約3週間継続した企画でしたが、おかげさまで早起きが苦ではなくなりました。

ぜひあなたも、同じ目標を共有できる仲間たちとコミュニティづくりをしていきましょう。

コミュニティの人数は、3人いれば十分です。もちろんそれ以上のコミュニティでもOKですが、あまり多すぎると、コミュニティ管理が大変になり、逆にそちらに労

「レディネス学習」のまとめ

No.	タイトル	ポイント
1	目標を明確にする	・定量的目標、定性的目標を明らかにする。 ・中間目標を設定する。 ・未来記憶をイメージする。
2	前提を明らかにする	・前提を明らかにする質問集を活用し、前提を明らかにする（上位３つを特定する）。
3	方略を定める	・前提を明らかにしながら、勉強の方向性を定める。
4	全体観をつかむ	・勉強するテーマに関する全体像を腑に落とす。
5	お手本をモデリングする	・前提条件の近いお手本を見つけて、モデリングする。
6	タイムテーブルを作成する	・３つのポイントを押さえながら、タイムテーブルを作成する。
7	コミュニティをつくる	・少人数でもいいので、同じ目標を持つ仲間たちとコミュニティをつくる。

力を奪われることになってしまいます。友人や知人に同じ目標を持つ人がいなければ、インターネット上で同じようなコミュニティがないか検索してみましょう。あなたが思っている以上に、コミュニティの存在はあなたの力になってくれるでしょう。

以上7つのレディネス学習、いかがでしたでしょうか。すべてのレディネス学習を取り入れることで飛躍的な勉強の成果につながりますが、たった1つを取り入れるだけでも、あなたの勉強の成果は間違いなく飛躍します。できるところからでかまいませんので、取り入れてみてください。

第4章

脳力を最大化する勉強法

勉強は、量よりも質

この章では、あなたの脳力を最大限に活用して、**勉強中の生産性を高めるためのノウハウを解説**していきます。

当たり前のことですが、勉強をしている時間というのは、1日という単位の中で考えてみればごくわずかな時間です。仮に毎日4時間の勉強をしたとしても、残りの20時間は食事や睡眠、仕事などに充てられることになります。

特に、忙しい現代のビジネスパーソンは、物理的な勉強時間を大幅に増やすことは難しい選択と言わざるを得ません。それこそ、睡眠時間を削ってまで勉強時間を増やすという選択肢もなくはありませんが、ここまで本書を読んでいただいたあなたであれば、それが決して効果的な選択ではないことが、おわかりいただけると思います。

それよりも大切なことは、**「限られた時間の中で、いかに高い集中力の状態で勉強をするか」**ということです。

この集中力の高い状態のことを**「フロー状態」**と呼びます。

フローという概念は、心理学者のミハイ・チクセントミハイ氏によって提唱され、その概念は、あらゆる分野にわたって広く普及されています。スポーツでも、超一流と呼ばれる選手たちには、意図的にフロー状態をつくり出すことができると言われています。

ひとたびフロー状態に入ってしまうと、極限の集中力が普通では考えられない技術を呼び起こして化学反応を起こし、神がかり的なパフォーマンスを発揮することもあります。

また、別の事例で言うと、交通事故を間一髪のタイミングで免れた人が、「まわりの動きが一瞬止まって見えた」などの表現をすることも聞いたことがあるかもしれませんが、これもフロー状態の一種と言っていいでしょう。

このようなフロー状態を意図的に起こすことは、勉強においても可能なのでしょうか？

フロー状態を意図的につくり出すことはできるか?

フロー状態をいつでも意図的につくり出すことができれば、そんなに楽なことはありません。

しかし、フロー状態は、一流のスポーツ選手でもコントロールして手に入れるのは至難の業です。初めてフロー状態を耳にしたという人は、いきなりフロー状態を意図的にコントロールすることは難しいでしょう。

しかし、**フロー状態に入るための訓練を積むことができれば、生産性を高めることは可能**です。

本書を執筆している私もそうですが、原稿がスラスラと書けるときは、まさにこのフロー状態に入っている感覚です。

時間の感覚もなく、アイデアがとめどなくあふれ、まるで自動書記のように筆を進める手が止まらない。そんなシーンが、本書執筆中にも幾度となくあります。そのときは決まって、自分でも満足する原稿が書けるものです。

フロー状態に入るためにまず大切なことは、**「毎回の勉強における目標を明確にする」**ことです。

目標がないまま勉強を始めても、脳はそこまでスイッチが入りません。しっかりと目標を意識して、まずは脳が集中できる状態をつくり上げます。

学習パターン別「フロー状態」に入るキッカケのつくり方

そして、ここからがポイントです。

第2章で明らかにした、あなたの学習パターンを確認してください。この**学習パターンが、フロー状態に入るキッカケ**になります。

つまり、視覚・聴覚・身体感覚の3つを駆使することで、それぞれフロー状態に入りやすいキッカケをつくることができるのです。

①視覚タイプ

視覚タイプの人は、視覚にノイズが入ると、集中力を失いやすい傾向にあります。例えば、机の上が整理整頓できずに乱雑になっていると、それだけで視覚タイプの人はフロー状態に入りにくくなります。そのため、まずは机のまわりを整理して、完全に勉強に集中できる状態をつくり上げましょう。

それから、自分の視界に人影が入らないように工夫するのも、視覚タイプの人には大切です。

視覚タイプの人は、視覚から入る情報に特に敏感な人たちです。そのため、カフェで勉強をしていたとしても、視界に人影が動く姿が目に入ったりすると、なかなか集中力を保つことができません。チラチラ視界の端で動く人影が気になって仕方がないのです。

そのため、できるだけ人影の見えない席に座るか、もしくはある程度閉鎖的な環境で勉強に取り組んだほうが、高い集中力を発揮できる可能性が高いのが視覚タイプの特徴です。

②聴覚タイプ

聴覚タイプの人は、「音」に敏感に反応します。

隣の人の話し声や会話が気になってしまい、自分の勉強に集中できなくなってしまうのです。

そのため、このタイプの人の場合は、自分が集中できるＢＧＭを見つけて、そのＢＧＭをかけながら勉強に集中することを推奨します。

私もカフェなどで集中して仕事や勉強をしたい場合には、必ずと言っていいほど雨音のＢＧＭを聞いて、耳から入る情報をシャットダウンしています。

自分が集中しやすいＢＧＭを見つけるためには、いろいろなＢＧＭを試してみるといいでしょう。

YouTubeで、「仕事　ＢＧＭ」と検索すると、さまざまなＢＧＭが検索結果に表示されます。その中からいくつかを試してみて、あなたに合っているＢＧＭを見つけて聞き続けるのです。

そのBGMで勉強を続けているうちに、脳が自動反応的にスイッチを入れるようになってきます。まさに、そのBGMがフロー状態に入るためのキッカケとなってくれるのです。

さらに、聴覚タイプの人は、「自分と対話しながら勉強をする」という方法が効果的な人もいます。

独り言のように自問自答しながら勉強をすることで、聴覚を通じて自分の声を聞くため、よりインプットした情報が脳に入ってきやすいのです。

③身体感覚（触覚）タイプ

身体感覚（触覚）タイプの人は、身体の動きを活用することで高い集中力を発揮することができます。

例えば、私が知っている事例で、貧乏ゆすりのように小刻みに足を動かしながら勉強することで、高い集中力を発揮している人もいます。

また、アイデアがなかなか浮かばないときは右手をぐるぐる回したりすることで、自分の脳を検索する機能を持たせている人もいます。

学習パターン別
フロー状態をつくり出すスイッチ

学習パターン	スイッチ例
視覚	・視覚ノイズを取り除く。 ・人影が入らない場所に移る。
聴覚	・集中できるＢＧＭを聞く。 ・自分との対話をする。
身体感覚（触覚）	・身体のリズムを活用する。 （足でリズムを刻む／手をぐるぐる回す　など）

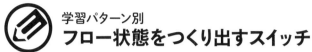

ぜひ、あなた自身がフロー状態を確立できるスイッチを見つけて、高い集中力で取り組みましょう。

1回の勉強時間は、何分が最適か？

脳科学的に考えてみた場合、1回当たりの勉強時間はどのくらいが最適なのでしょうか？

つまり、何分ごとに休憩を入れるのが脳にとって最も集中力を発揮しやすいと言うことができるのでしょうか？

集中力が持続する時間の長さは、人によって異なり、諸説あります。子どもの場合は30分とも言われていますし、一般的な大人の場合は40分〜50分だと言われています。

勉強時間についていては、学校の授業時間を1つ目安として考えると、イメージがつかみやすいと思います。

小学校や中学校は、45分〜50分の間でひとコマが設計されています。大学になると、ひとコマ90分が平均的な授業時間となりますが、さすがにひとコマ120分の授業はなかなかありません。

私も、**１回当たりの勉強時間の限界を、どんなに長くても90分**と設定しています。長くても90分ごとに休憩を取り、休憩後に再度90分の時間を設定して勉強を続けるのです。

休憩時間は、できるだけ外の景色を眺めたりして、リラックスをしています。

あなたも、１回当たりの勉強時間は、90分以内に抑えてみてください。

なぜ休憩が必要か？

しかし、なぜ休憩を取ることがそもそも必要なのでしょうか？

認知科学の理論の１つに、**「注意回復理論（Attention Restoration Theory）」**というものがあります。

個々によって多少の差はありますが、私たち人間の集中力や注意力には限界があります。そのため、長時間集中力を要する仕事や作業を続けていると、私たちの脳や身体は疲労をきたします。

例えば、パソコンに向かって何時間も集中していたり、机に向かって長時間勉強したりしていると、どっと疲れがきた経験があなたにもあるかもしれません。

これは、私たちの集中力や注意力が低下しているサインの1つです。

どんなに集中力の高い人でも、恒久的に集中し続けるというのは不可能です。

さらに、このような疲労を起こした状態だと、

◎ネガティブな感情の喚起
◎イライラ
◎感情鈍磨（感情表現が乏しくなること）
◎他者に気を払わない
◎事故発生を引き起こす　　など

このような現象を起こすことが研究結果でも明らかになっています。

注意回復理論を勉強分野に落とし込んだときに大切なことは、

「人によって集中力や注意力は異なり、集中力や注意力は本人の生産性（パフォーマ

ンス）に大きく影響する」

という原則です。

多くの人は、自分の集中力の限界を自覚していません。

決められた時間の中で、決められた仕事の内容に取り組んでいます。

しかし、この理論を前提に考えると、集中力が低下している状態で仕事に取り組んでも、高い生産性を発揮することはできないのです。

むしろ、「時間はかけているけど、たいして生産性は上がっていない」という状況によく陥ります。

あなたはいかがでしょうか？

自分の集中力との折り合いをうまくつけながら、生産性の高い状態で仕事や勉強ができていますか？

自分の集中力や注意力が低下したときに、それらを回復させるための活動を自覚して実践していますか？

また、「朝イチに集中力を要するクリエイティブな仕事をしたほうがいい」という主張をする人も多いですが、この主張には一理あります。

というのも、朝イチのほうが意志力をまだ使っていないために、集中力が高い状態で仕事に臨むことができる可能性が高いからです。

ただし、これはあくまでも、「その人にとって」効果的なパターンです。生活リズムが異なれば、それが自分にとって効果的なパターンだとは限りません。

時間が限られている中で勉強を進めると、どうしても1回当たりの時間を長く使おうと考えがちですが、限られた時間の中で高い生産性を発揮することも重要なのです。

あなたの脳に潜む「作業興奮」を使いこなす

私たち人間の脳には、**「作業興奮」**という心理効果があります。

「作業興奮」とは、ある物事にまずは取り組むことで、次第に集中力が高まってくるという心理効果のことを指します。

例えば、めんどくさいと感じていた業務でも、まずは取り組むことで次第にやる気が高まって集中できた。こんな経験、あなたにもありませんか？

このような現象は、「作業興奮」の効果によるものです。脳科学的に言えば、「ドーパミン」という快楽を司る脳内物質が分泌されている状態です。

作業興奮のメカニズムは、勉強においても活用することができます。

つまり、勉強で高い集中力をつくり出すには、**「最初の5分間」が肝心**ということです。

最初の5分間、集中して取り組む環境をつくることができれば、その後の脳は半ば自動的に作業興奮状態に入り、勉強中も高い集中力を発揮してくれます。

大切なことは、「勉強に取り組む最初の一歩をいかに早く踏み出すか」です。「めんどくさいなぁ」「今日はやりたくないなぁ」といった感情は、人間ですから感じるのは当然です。

しかし、このような感情をいくら感じたところで、勉強は一歩もはかどりません。最初の一歩を、踏み出す工夫をしましょう。

やる気が出ないときに、最初の一歩を踏み出すコツ

では、最初の一歩を踏み出すためには、どのような点に気をつければいいのでしょうか？

ポイントは、**「勉強モードに入るスイッチをつくること」**です。

男性のビジネスパーソンであればイメージがしやすいと思いますが、朝起きて食事をして会社に行く準備をしているとき、ネクタイを締めると、急に仕事モードのスイッチが入るという人がいます。

この場合は、ネクタイを締めるという行為が、仕事モードに入るスイッチとなっているのです。

スポーツ選手であれば、ユニフォームを着ているときに選手としての顔つきになってくるという人もいるでしょう。

このように、**私たちの脳は、あるスイッチをキッカケにして、モードを切り替えることができるという特性が備わっています。**

勉強においても、このスイッチを活用します。

勉強モードに入るスイッチを事前につくっておくことで、モードの切り替えを行うのです。

ちなみに、この**スイッチをつくるときにも、第2章で明らかにした学習パターンを参考にすると効果的**です。

学習パターン別でスイッチのつくり方を見ていきましょう。

①視覚タイプ

視覚タイプの人は、視覚を使ったスイッチをつくると効果的です。

セミナーの受講生であったSさんは、ある不動産関係の資格を取るための勉強をしていました。Sさんは視覚タイプの人で、勉強を始める前にはいつも、スマホに保存しているある写真を見て自分を奮起させていたそうです。

それは、試験に合格したら自分へのご褒美で旅行に行くと決めている、都内の某有名リゾートホテルのロビーラウンジの写真でした。

その写真を眺めてから、「今日も集中して頑張ろう！」とスイッチを入れて勉強に取り組むのがSさんのルーティンになっていました。

自分の学習パターンの特性をうまく活用し、勉強の成果につなげた事例と言えます。

②聴覚タイプ

聴覚タイプの人は、やはり「音」が勉強モードに入るスイッチをつくりやすくしてくれます。

私は、勉強中は雨音のBGMを聞いていると言いましたが、勉強に取り組む前は好きなアーティストの曲を聞いて、スイッチを入れています。

自分のモチベーションがかき立てられるような曲を聞くことで、勉強に入るスイッチを入れているのです。そして、いざ机に向かって勉強をする態勢が整うと、BGMを雨の音に変えて、黙々と勉強をしています。

このように、私の場合は、「勉強のスイッチを入れるBGM」と「勉強中に集中するBGM」とを使い分けています。

もちろん、使い分けをするかどうかは、人それぞれです。

ポイントは、あなたにとって効果的なＢＧＭを探し出し、それを徹底的に活用することです。

１つのＢＧＭでスイッチもフロー状態もつくり出すことができるのであれば、非常にエコで効果的です。

③身体感覚（触覚）タイプ

最後に、身体感覚（触覚）タイプの人に私がオススメするのは、「縁起物をスイッチにする」という方法です。

合格祈願のお守りでもかまいませんし、自分が好きなアイテムでもかまいません。

私の知り合いのＵさんは、普段の仕事では文房具屋さんで売っている普通のボールペンを使っているのですが、資格勉強の時間となると、モンブランのボールペンに切り替えて勉強をしていました。本人曰く、「モンブランのボールペンを使うと、やる気がみなぎってくる」のだそうです（笑）。

このように、身体感覚タイプの人は、自分が使用する物や持参できる物をスイッチとして持っておくと、肌感覚で触れることができるので、スイッチとなりやすくなります。いろいろなものを試して、自分なりのスイッチを見つけましょう。

以上が、それぞれの学習パターンに合わせたスイッチの作り方の事例です。

ここで大切なことは、あなたに合った勉強モードのスイッチを見つけることです。

他の人がやっていることを1つのヒントにしてもかまいませんが、それはあくまでも他の人のスイッチです。

あなたにはあなたのスイッチが、必ずあります。

それが見つかるまで焦らずに、さまざまなスイッチを試してください。そして、勉強モードに入ってからは、作業興奮のメカニズムを活用して、最初の5分間を意識して取り組んでみてください。

脳科学が認める「スキマ時間」の活用法

スキマ時間に効率良く勉強することも、勉強の成果を最大化するために重要なポイ

あなたにもスイッチが必ずある！

勉強モードに入るスイッチをつくる

視覚タイプ

未来記憶をイメージさせる写真を活用する。

聴覚タイプ

勉強モードに入るBGMを聞く。

身体感覚（触覚）タイプ

お気に入りのアイテムや縁起物をスイッチにする。

ントの1つです。

スキマ時間の活用法のポイントは、ずばり**「スキマ時間にやることをあらかじめ決めておくこと」**です。

「単語帳を読み込む」「〇〇のオーディオ教材を聞く」「用語集を覚える」など、あらかじめスキマ時間にやっておくことを設定しておくことがポイントです。

これは、脳科学的に考えても重要な観点です。

私たちの脳の前頭葉（ちょうど「おでこ」のあたり）には、ワーキングメモリという脳の司令塔の役割をしている部位があります。

このワーキングメモリからあらゆる指示命令が下され、それによって私たちは行動を起こしているのです。

もちろん、勉強のときもワーキングメモリが活発に働くわけですが、**スキマ時間にあらかじめやることが決まっていないと、「スキマ時間にやることを探す」という方向にワーキングメモリが使われてしまいます**。無自覚かもしれませんが、こんなに些細なことでもワーキングメモリは活発に働いているのです。

はっきり言って、これはワーキングメモリのムダ使いです。

あらかじめスキマ時間にやることを決めておけば、ワーキングメモリは本来の勉強に思う存分に活用することができます。

スキマ時間にやることをあらかじめリスト化し、脳に無駄なエネルギーを使わせないようにしましょう。

スキマ時間にやることを決めるコツ

また、スキマ時間にやることを決めるコツですが、できれば単語を暗記することや公式を覚えるなどの**単純な反復学習が望ましい**です。

というのも、スキマ時間は、だいたいが移動中のことが多いと思います。移動中は、まわりに気を配っていないようでも、実はかなりのエネルギーを周囲に向けています。

電車に乗っているのであれば、まず自分が降りる駅と現在の駅は必ずチェックしているでしょう。立って勉強をしているのであれば、人が降りてどこの席が空くのかをチェックしている人もいるかもしれません。周囲で会話をしている他の乗客がいれば、自然とその会話が耳に入ってしまうこともあります。

このように、電車の中は、実はあなたの注意を散漫させる要素がたくさん散りばめられています。

このような状況の中で複雑な応用問題を解こうと思っても、「そもそも時間が足りずに考えている途中に降車するタイミングになってしまった」なんてことも考えられます。

そのため、スキマ時間に取り組む勉強内容として、反復学習などの単純な内容を私は推奨しているのです。

残念な状態を回避する「ポスト・イットメモ術」のススメ

「あれ？　今いいアイデアを思いついたと思ったんだけど、ド忘れしちゃった！」

あなたにはこんな経験はありませんか？

勉強をしている最中も、ふとアイデアが降ってきたのに、「後でメモすればいいや」

と思ったら後の祭り。もう二度と思い出すことはできません。

こんな残念な状態を回避するために、私はいつもポスト・イットを持ち歩いています。

勉強をしている最中に湧いてきたふとしたアイデアを、ポスト・イットにすべてメモしておくのです。

勉強をしているときは、意外とたくさんのアイデアが浮かんできます。「あっ！これをやっておこう！」というひらめきが、ふとしたときに湧き出てくるのです。

そうした些細なアイデアでも、ポスト・イットを活用することで、思い出し忘れという状態を未然に防ぐことができます。

そもそも、なぜ私たちは今まで考えていたことを忘れてしまうのでしょうか？

これも、先ほどお話ししていた**ワーキングメモリ**という部位と密接な関わりがあります。

ワーキングメモリという部位には、いくつかの特徴があります。

その1つが、**「20秒しか記憶が持たない」**ということです。

あくまでも、**ワーキングメモリは一時保存のための機能なので、記憶が長期間保存はされない**のです。

「あれっ？　さっき言いたかったことって、何だっけ？」となってなかなか思い出せないのは、ワーキングメモリに保存されていた一時記憶が飛んでしまったという状態です。

せっかく思い浮かんだアイデアが消えてしまうのは、とてももったいないことですよね。何より、忘れたことを思い出せないあの悔しさと言ったら、表現のしようがありません。

そのためにも、常にポスト・イットを持ち歩き、勉強をしているときに思い浮かんだアイデアがあれば、書き出せる状態を構築しておきましょう。

「条件付け」で勉強モードに入る

先ほどの項目で、視覚・聴覚・身体感覚（触覚）の3つの感覚を使ってスイッチをつくることが重要だという話をしました。

実は、この3つの感覚を使う以外にも、勉強モードのスイッチを入れやすくする方法があります。

それが、**「場所に対する条件付けを行なう」**ということです。

この条件付けのことを、専門用語で**「アンカリング」**と言います。

「この場所は、勉強する場所なんだ！」と脳に条件付けをすることで、その場所に行くと、勉強モードの状態が促進されるのです。

アンカリングは、何も決して難しいことではありません。まずあなたが取り組むことは、**勉強する場所をある程度特定しておく**ことです。

アンカリングは、特定の場所であればあるほど、効果が強まります。毎回同じ場所で勉強し続けることにより、脳が「この場所は、勉強する場所なんだ！」と無意識にインプットしていくのです。

アンカリング効果は、普段の何気ない行為にも発揮されています。

例えば、社員食堂で同僚たちとお昼を食べるにしても、ある程度の時間が経過してくると、自分が座る場所はおおかた固定化されていきますよね。同じ場所だと、なんだか心が落ち着く感じがします。私も、大学生の頃は学食でよく友達と食事をしていましたが、座る場所は毎回ほぼ同じでした。今思えば、その場所でお昼を食べるというアンカリングがされていたのだと思います。逆に、学食が混雑していていつもとは違う場所で食事をすると、心なしかそわそわするのです。

勉強をするときにも、できることなら、行きつけのカフェや勉強スペースを見つけて、そこを意図的に活用するようにしましょう。

アンカリング効果が強まれば強まるほど、あなた自身が勉強モードに入って集中できる確率は高くなります。 それだけ、勉強モードに入るシナプス（神経回路）が強化されていくのです。

アンカリングをさらに強めるコツ

また、アンカリングをさらに強めるためには、簡単なコツがあります。

それは、**座る前にこれから座る場所を眺めながら、「これからこの場所で勉強するんだ！」と自分に言い聞かせる**のです。

そんなに大きな声を出さなくてかまいません。あなた自身が聞き取れるくらいのボリュームでＯＫです。

このように、自分で自分に「これから勉強するぞ！」と言うことで、勉強するという行為自体が自分ごと化されます。

私たちはほとんどの時間を無意識で生活しているので、自らの言葉で言い聞かせることで、脳を勉強モードに入れているのです。

「場所のアンカリング」と**「言葉がけによる意識づけ」**。

この２つを意識することで、また一段と勉強モードに入りやすい自分自身を脳科学的に構築することができます。

デジタルデトックスで、ノイズを除去する

勉強をしていると、さまざまなノイズがあなたの集中力をそらそうとします。

特に現代において集中力の敵となるのは、スマホなどをはじめとするあらゆるデジタル機器です。このデジタル機器が、あなたの集中力を削ぐ原因をつくり出していることも多分にあります。

なかでも多いのが、スマホでしょう。少し目を離すと、スマホにはたくさんの着信が流れてきます。メールやＬＩＮＥなどのさまざまな着信音に気を取られてばかりいると、いつまで経っても集中できません。

その場合は、デジタルデトックスをして、集中できる環境を整えましょう。

「デジタルデトックス」とは、スマホなどのデジタル機器の電源をオフ（スマホの場合は、機内モードなどで着信音を遮断するのでもＯＫ）にすることで、デジタル機器からの情報を断ち切ることを指します。

私も、自分が集中して勉強を行ないたいときには、スマホを機内モードにして、意図的に情報を遮断します。

些細なことのように思われますが、実はとても大切です。勉強が終わったら、また機内モードを解除すればいいだけなので、余計な手間もほとんどかかりません。

一度途切れた集中力をまた元に戻すためには、相当のエネルギーが必要になります。あらかじめそのノイズが入る可能性をゼロにしておけば、ノイズで悩まされる心配もありません。あなたも勉強モードに入るときには、デジタルデトックスで集中できる環境を整えましょう。

インプット効率を飛躍させる「構造化学習」

情報を体系立てたり、情報を構造化して整理しながら学ぶと、インプット効率は飛躍的に高まります。

このような学び方を、私は**「構造化学習」**と呼んでいます。

点と点で知識を学ぶのではなく、点と点をつないで線にしたり、線と線をつないで面にしたりするイメージで学ぶ感覚です。

例えば、国際情勢に関する記事を新聞で見つけたとします。海外の某大企業が、日本の某大企業との提携を発表している。そんな記事を朝刊で見つけたとします。これ自体は、ただ単に「点」の情報です。海外の企業と日本の企業が提携を発表した。それだけの内容です。

構造化学習は、それだけで学ぶことを終えません。

海外の企業と日本の企業が提携を発表した背景には、どのような文脈（コンテクスト）や影響性が潜んでいるのかを読み解きます。そうすると、ただ単に2つの企業が関係するだけの話ではなく、日本の産業界全体にも大きな影響を及ぼすことがわかりました。具体的には、その日本の企業はたくさんの下請け企業にこれまで仕事を発注していたのですが、海外の提携先との関係により、これからはその仕事の一部もしくは大半を、海外の企業と提携して進める可能性が見えてきたのです。

そうすれば、どうでしょうか？　下請け企業として仕事を受注していた企業の業績が悪化することは、容易に想像できるでしょう。もしかすると、廃業や倒産を余儀なくされる企業も続出するかもしれません。そうなると、その産業界全体の話だけではありません。別の産業界で密接にかかわりを持っている企業にも、その影響は波及してくる可能性が高い。そんな状況が予想される中にあって、さて自社はどのような対策を講じるべきだろうか……？

この一連のストーリーは、すべて仮の話ですが、実際の日本経済でも同様のことが起きていることは、あなたも感覚的にはおわかりいただけると思います。

このような一連の流れを含めて網羅的に情報を整理することが、構造化学習の本質です。

「点と点の情報の裏にある文脈や背景を読み解く作業」と言い換えてもいいかもしれません（次ページの図参照）。

このような構造化学習に優れている人は、常に自分の現在地を把握しながら勉強をすることができているので、混乱することもほとんどありません。

私も構造化学習を常に意識しながら学んでいるので、情報が入り交じる複雑な分野の勉強だとしても、情報を整理整頓しながら学ぶことができています。

歴史が得意なEさんの勉強法

私の知り合いで、とても歴史が好きなEさんという男性がいます。Eさんは、歴史に関する質問なら何でもスラスラと答えることができます。他の分野の勉強や仕事ぶりを見ていると、決して記憶力がそこまで優れているわけではありません。しかし、

情報を整理整頓しながら学ぶ！

構造化学習のススメ

× 従来の学習

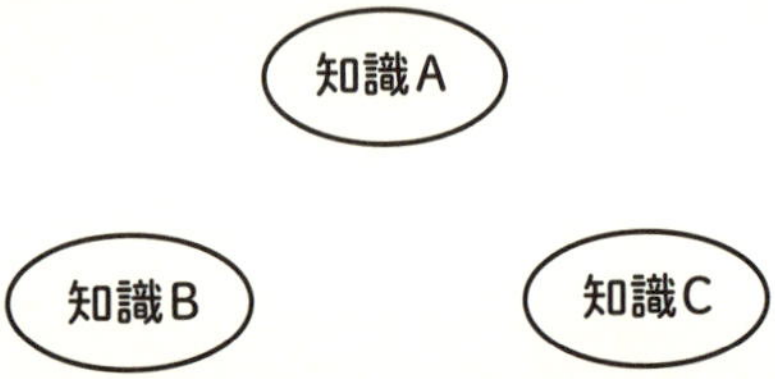

それぞれの知識や情報は独立していて、関連性がない。

○ 構造化学習

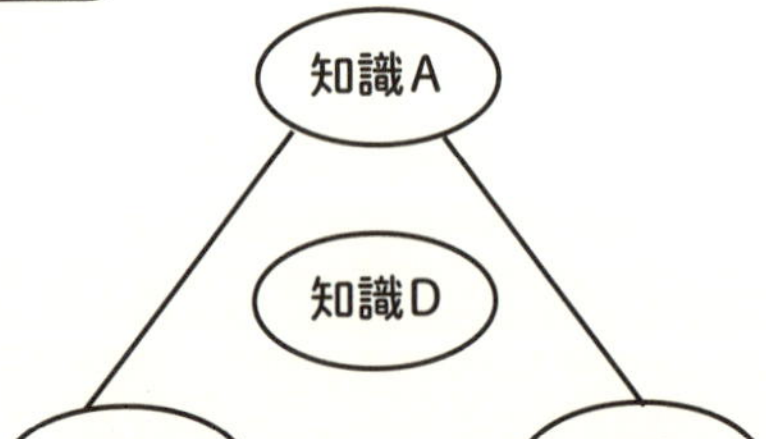

それぞれの知識がつながりを持って整理され、文脈やストーリーを読み解くことで新たな知識（知識D）も生み出される。

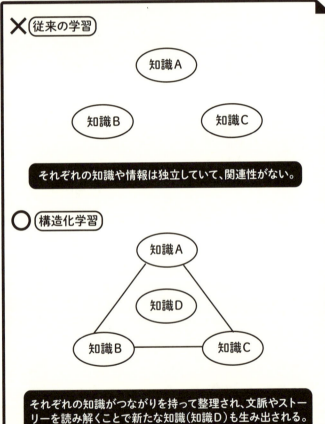

歴史に関する知識や情報量には、膨大なものがあります。

「江戸時代に行なわれていた日本の教育について、Eさんはどう思う？」と聞くと、それはもう怒涛のごとくしゃべり出します。直接質問には含まれていないことまでしゃべってくれるのですが、またその解説が見事で非常にわかりやすい。


私はEさんがどのように歴史を学んでいるのか気になり、一度その勉強法について聞いたことがあります。

「たいしたことはしていないけど……」と言いながら、Eさんはその方法を教えてくれたのですが、それがまさに構造化学習のやり方を踏襲していたのです。

Eさんの学び方で特徴的だったことの1つは、**「日本史も学びながら、同時に世界史も学ぶ」**ということです。

なぜそんな学び方をしているのかを聞いたところ、「日本で起きていることは、少なからず世界の影響を受けている。この因果関係がわからずに日本史だけを勉強していても、歴史の全体像はつかめないんだ」と言っていました。

まさに、構造化学習で言うところの**「文脈を把握する」**という学び方です。

私が受けてきた学校の教育では、日本史と世界史の授業科目を分けて教えられてきましたが、たしかにその教え方だと歴史の全体像がつかめません。日本史は日本史、世界史は世界史と区別して考えることで、思考の枠組みも歴史を点と点でしか捉えなくなってしまうのです。

一方で、Eさんのような学び方をすれば、たしかに世界史と日本史の因果関係もわかり、それが1つのストーリーとしても把握することができます。日本で起きた事象の要因が、海外での出来事に端を発しているケースは多々あります。逆もまた然りです。

このように**歴史を一連のストーリーとして理解することで、学習の習熟度も飛躍的に向上する**のだと、Eさんは言っていました。

教科書で読んだときはわからなかったけれど、テレビで放映していた歴史の偉人伝の番組を見て、その人物がどのような業績を達成してきたのかわかったという体験は、おそらく多くの人がお持ちだと思います。

これが、まさにストーリーの成せる業なのです。

ストーリーは、私たちの無意識に情報をインプットさせ、一瞬で物事を理解納得させる力があります。

しかし、Ｅさんのような学び方をしている人は、正直言ってごく少数です。そもそも、多くの人は歴史の効果的な学び方を学ぶという機会すらありません。学校教育で教えられた学び方と言えば、「先生の話は姿勢良く聞く」「大きく元気よく返事をする」くらいのものです。大人になって自分の興味のある分野を学んでいくうちに学び方を身につけたＥさんのような人は、極めて稀なケースなのです。

しかし本書を読んだあなたは、違います。日頃の勉強からこの構造化学習を意識して取り組んでいきましょう。普段の学習効果が何倍にも高まるはずです。

困ったときの「メタ認知的思考」

勉強をしていると、どうしても行き詰まるときがあります。こんなに勉強しているのに、なんで成果が出ないのか。もう何をどのように勉強していいのか、よくわからない……。

努力が成果につながらないことほど、苦しいことはありません。その苦しさのあまり、目の前の勉強から逃げ出してしまう人もいるでしょう。

そんな状況のときにぜひ実践してほしいのが、**「メタ認知的思考」**です。

ここで言うメタ認知的思考とは、**「自分の置かれている状況や陥っているパターンを俯瞰して捉える思考法」**のことを言います。

このメタ認知的思考が身につくと、勉強で途方に暮れたときや次の打ち手に困っているときでも、解決策を見いだすことができます。

そもそも、私たち人間はほとんど、自分の思考やパターンを認知することができていません。自分がどのような思考のクセを持っていて、どのようなときに生産性が高く、逆にどのようなときは生産性が低いのか。このようなことを普段から自覚して動けている人は、そう多くはありません。


また、人間の行動の40%は、習慣に支配されていると言えます。

朝起きてから会社に行くまでのルーティン、会社での業務内容、仕事が終わって家に帰るまでのルート、そして、帰宅してから就寝するまでの一連の流れ。いつもとだいたいは同じ生活リズムで過ごしているのではないでしょうか？

困ったときの「メタ認知的思考」

× 従来の思考

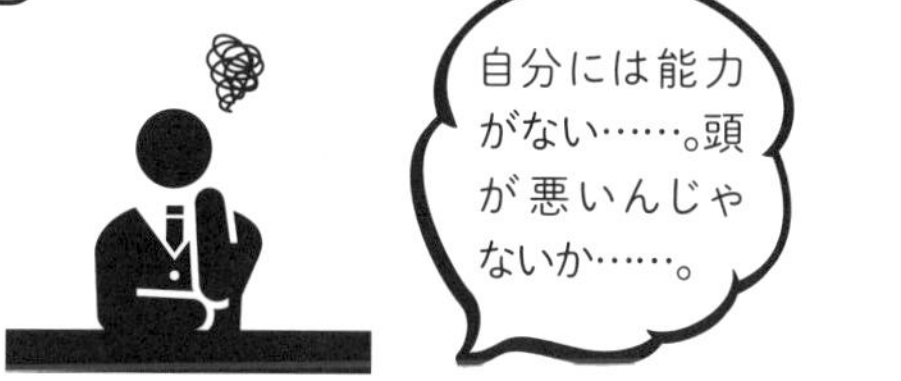
自分には能力がない……。頭が悪いんじゃないか……。

自分の能力を否定したり、自分を責めたりすることにより、ネガティブ思考のループに陥っている。

○ メタ認知的思考

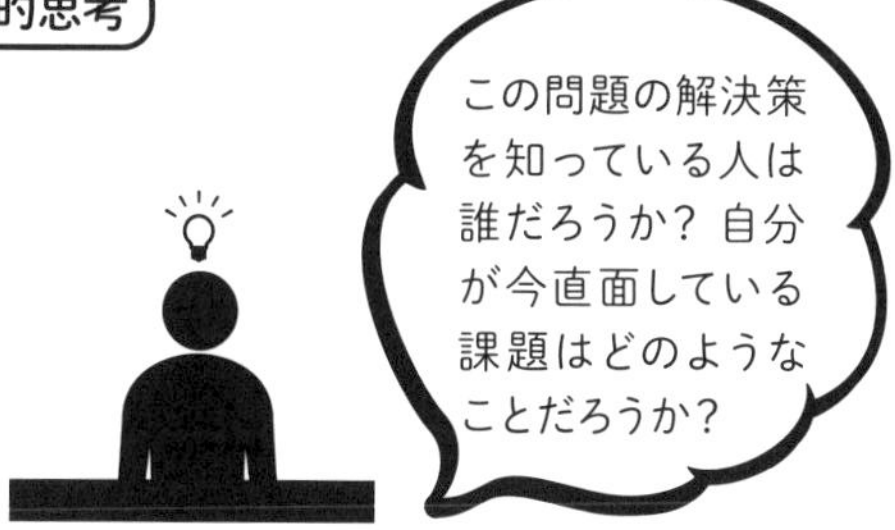
この問題の解決策を知っている人は誰だろうか？ 自分が今直面している課題はどのようなことだろうか？

自分を俯瞰的に捉えることで、思考のパターンや課題に気づく。

このように考えると、たしかに生活の中の多くの行動は、意識せずともできる習慣となっているように思います。

意志力を使わない習慣は、私たちにとってとても便利なものです。無駄な思考のエネルギーを使わなくていいわけですから、脳も省エネで活動できます。

しかしその一方で、私たち人間は考えることを放棄してしまっているとも言えるのではないでしょうか？

仕事であれ勉強であれ、うまくいかない状況に陥っているときには、顕在化している問題の内容は異なって見えるかもしれませんが、根本的にはほとんどいつも同じパターンに私たちは埋没しています。

普段から頻繁に活用している神経回路（シナプス）ほど太くなり、それが固有のパターンとして強化されるという話は、先ほどもお伝えしました。

この神経回路（シナプス）の特徴については、ネガティブなパターンにも同じことが言えます。

つまり、よく出てくるうまくいかないパターンやネガティブな感情は、それが神経回路としても太く強化されているということです。

まずはそのパターンに陥っていることに気づけないかぎり、そのパターンから抜け出すことはできません。

そして、**あなた自身が陥っているパターンに気づくため**には、まさに自分の思考法やパターンを客観視する、メタ認知的思考が必要不可欠なのです。

メタ認知的思考を活用する質問術

ではいったい、メタ認知的思考を活用するためには、どのようなことに取り組めばいいのでしょうか？

これも、私たちの脳の機能にヒントがあります。

私たちは、常に自分の記憶に参照しながら、意味づけをしたり行動したりしています。

例えば、「毎朝通勤する」という単純な行為１つとってみても、通勤するための記憶が脳内に蓄積されているから、適切な行動が取れるのです。

この記憶が蓄積されていない場合。例えば、転勤したばかりの新しい赴任先で通勤する際には、スマホや地図などで会社まで経路を調べてから向かいますよね。言われてみれば当たり前のことですが、「常に記憶に参照している」という行為は、私たちがまるで呼吸するかのように日常的に行なっていることなのです。

ただし、自分の記憶に参照するためには、脳内であるキッカケが必要です。このキッカケがあるから、私たちは自分の記憶にアクセスすることができます。

では、そのキッカケとは何か？

それが「質問」です。

Google検索をイメージしてもらうとわかりやすいと思います。例えば、東京駅付近のイタリアンを探そうと思ったら「東京駅　イタリアン」などと検索キーワードを入力しますよね。そうすると、該当する検索結果がズラッと一覧で表示されます。

単純化すると、脳内のメカニズムもこれとまったく同じです。

例で示した「東京駅　イタリアン」という検索キーワードが脳内で言うところの「質問」に当たります。**質問がキッカケとなって自分の記憶を検索し、そこから導き出された答えが行動となって表れる**のです。

大切なポイントは、ここからです。つまり、メタ認知的思考を実践するためには、

メタ認知的思考を促す「質問」を自分自身に問いかけることが大切ということになります。

自分が普段から自分に問いかけている質問を自覚している人は、まずほとんどいません。たとえパフォーマンスを下げてしまうような非効果的な質問をしていたとしても、そのことには気がつきません。

それよりも、

「自分にはまだまだ行動力がないな……」

「知識が全然足りてなくて勉強不足だ……」

などのように解釈し、表面に出ている「結果」だけに着目してしまうのです。

そうではないのです。結果が表れる前には、必ずそれに至る「プロセス」が存在します。

脳科学的に言えば、そのプロセスこそが「質問」なのです。

ですから、自分を俯瞰的に捉えるメタ認知的思考には、効果的な質問が必要不可欠となるのです。

私自身も、メタ認知的思考を実践するために、自分が頭の中でつぶやいている質問をすべてリストアップしていたときもあります。

そして、自分の行動を促進してくれる「効果的な質問」と、逆に自分の行動を止めてしまう「非効果的な質問」とに分類し、意図的に効果的な質問を問いかけるようにしていました。

勉強での問題や課題に直面しているときに、

「どうしよう……、いったいどうすればいいんだろう……」

こんな言葉を何万回問いかけたところで、成果が上がるはずはありません。そうではなく、

「この問題への解決策を知っていそうな人は、誰だろうか？」

このような質問に変えてあげることで、あなたの脳内データベースを効果的に活用することができるのです。

メタ認知的思考を促す質問のことを、**「メタ認知質問」**と言います。

私が普段から活用しているメタ認知質問については、次ページに記載しておきました。

問題や課題にぶつかったときには、ぜひこれらのメタ認知質問を参考にしてみてく

メタ認知的思考を活用するための

メタ認知質問

Q. 今起きているできごとを解決できる人がいるとすれば、どのような人が考えられるだろうか？

Q. 今起きているできごとは自分にどのような影響（インパクト）を及ぼすのか？

Q. このできごとに不安を抱いているとしたらどのような不安なのか？

Q. 自分が抱いている怖れや不安といったネガティブな感情の根本的な要因は、いったいどのようなものなのだろうか？

Q. ネガティブな感情の背景にある、本来の意図や欲求はどのようなものだろうか？

Q. 何がわかっていない、もしくは理解できていないから、このような状況に陥っているのだろうか？

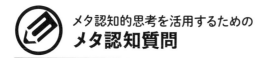

ださい。そして、できれば生産性を高める効果的な質問を、日常から問いかけ続けるよう意識してください。

ちなみに、ＡＩを専門で研究されている大学の先生から伺った話なのですが、人間の仕事を奪うなどして近年騒がれているＡＩには、質問を生み出す力はないのだそうです。Googleのように、入力された質問に対して回答するスピードは、人間の比ではありませんが、そもそもの質問を生み出す力はＡＩには備わっていないのです。

私たちが当たり前のようにしている**「問いを生成する力」は、実は人間だけに備わっているとても貴重な能力の１つ**なのです。

この能力をもっと真剣に見つめ直し、より効果的に役立てていきましょう。

第5章

「思い出す力」を高める振り返り学習

思い出すコツは、「振り返り」にある

この章では、勉強が終わった後の「振り返り学習」についてお伝えしていきます。

勉強した後に振り返りが必要なのかという疑問も聞こえてきそうですが、この振り返りをすることも、私はとても重要視しています。

私自身、セミナーやコンサルティングという現場で人をご支援させていただく立場にいますが、常に自己研鑽を積むために、自分自身もさまざまなセミナーやコンサルティングを受講しています。

そのときも、セミナーや講習を聞いて学んだだけで終わりにするのではなく、必ず振り返りをすることで、学んだ内容を脳に定着させています。

この章では、私が実際に活用している「振り返り学習メソッド」をあなたにもお伝えし、学んだ内容を思い出す力を高めるために活用いただけたらと思います。

そもそも、なぜ振り返りが必要なのでしょうか？

私たち人間は、学んだことを忘れる生き物です。

第1章でもお伝えしたエビングハウスの忘却曲線によれば、20分後には私たちは学んだことの42％を忘却し、1時間後には50％以上の内容を忘れてしまっていたという研究結果が出ています。

このような脳の特性があるからこそ、**覚える訓練と同時に、思い出す訓練も必要**だと私は考えています。

そして、思い出す力を高めるために効果的な方法の1つが、**振り返りをする機会を定期的に重ねる**ことです。

繰り返すことで、短期記憶であった学習内容が長期記憶化されていきます。短期記憶と長期記憶を区別化する脳の「海馬」という部位が、何度も脳に送られてくる情報については、「この情報は、自分にとって重要な情報なんだな！」と判断して、長期記憶へと区別化をしてくれるのです。

そのため、振り返りをすることで、脳には学んだ内容が長期記憶化されやすくなります。特に、単語練習や公式の暗記などの反復学習などには、その効果が顕著に見られます。

「振り返りノート」をつける3つのメリット

振り返り方法としてまずオススメをしたいのが、「振り返りノート」をつけるということです。

私もセミナーやその他の勉強などで学んだときには、振り返りノートを作成して、記憶を定着させるよう心がけています。

振り返りノートをつけるメリットは、いくつかあります。

まず**1つ目**が、短期記憶を長期記憶化させることができるというメリットです。

勉強中にインプットした内容を振り返る機会が多ければ多いほど、その記憶は長期記憶に変わっていきます。長期記憶へと保存されていくことで、思い出す力も高くなります。思い出す力が高くなれば、それだけ試験当日の成果にもいい影響をもたらします。

2つ目のメリットとしては、情報が体系立てて整理できるということが挙げられます。

構造化学習の重要性については、第4章でお伝えしました。情報を点と点で捉えるのではなく、線と線でつないだり、面と面で立体的にしたりして、構造的に情報を整理しておく学習方法です。そのための効果的な作業が、まさに振り返りノートをつけるということなのです。

振り返りノートをつけていると、これまで学んだ内容についてもノートに整理されているので、情報と情報の有機的結合が起こりやすいのです。「なるほど！　この単元の学習内容は、実は今回学んだ内容とこのようにつながっているのか！」というある種のひらめきや気づきが得られやすくなります。

このひらめきや気づきが、私たちの脳にとってはとても貴重な材料なのです。

なぜなら、この瞬間に得られるひらめきや気づきには、ある種の感情や感覚が伴います。この感情や感覚を伴う学習は、私たちの脳にインパクトを与え、それだけでとても強いインパクトを伴った知識へと昇華されていくのです。構造化を意識しながら学ぶことで、感覚的にも非常に大きな気づきを得ることができます。

3つ目のメリットは、振り返りノートをつける時間は、1日5分程度の短時間でOKだということです。

振り返りをするために、何十分もかける必要はありません。1日の勉強が終了したら、すぐに振り返りノートを開いて、その場で学んだことを振り返っていきましょう。先ほども言ったように、時間の目安は5分でかまいません。あまり長い時間を振り返りに使いすぎると、脳がめんどくさいと感じて、振り返りをする機会を避けようとします。

また、振り返りノートを記入するタイミングですが、一番のオススメは勉強直後です。就寝前に必ず習慣化できるという人なら、それはそれで問題はないのですが、自分の習慣を変えるのはそこまで容易ではありません。

1日の勉強時間が2時間だとしたら、その2時間の勉強が終わった直後に振り返りノートをつけましょう。そうすることで、また改めて振り返りノートを記入するという二度手間がなくなり、「勉強→振り返り」という一連の流れをスムーズに習慣化することができます。

振り返りを習慣化するためにも、「勉強後のその場で5分」を意識して取り組んでみてください。

「振り返りノート」のサイズ

ここからは、具体的に振り返りノートに記載する内容についてお伝えしていきます。

まず、振り返りノートのサイズですが、これはご自身の好みでかまいません。

たまに、「普段から愛用している手帳のメモ欄を、振り返りノートとして活用してもいいですか？」というご質問を受けることがありますが、私はその方法をあまり推奨してはいません。あくまでも振り返りノートはそれ専用でつくったほうが、勉強で学んだ内容だけを重点的に振り返ることができるからです。

勉強以外の内容としてスケジュールなどが記載されていると、どうしてもその情報が脳のノイズとなってしまいます。振り返りをしているときでも、「あれっ？　そういえば明日の予定ってどうなっていたっけ？」とつい気になってしまい、予定を確認してしまうものです。そうすると、いったん集中力が途切れることになり、また振り返りを一からし直さなければなりません。

ちなみに、私は**少し大きめのA4サイズのコクヨの方眼ノート**を愛用しています。私はサブ的には視覚タイプの人間のため、文字を大きく書いたり色分けをしたりすることで振り返りを効果的に実施することができるからです。そのため、ノートのスペースもやや広く使います。

ただ、先日女性のセミナー受講生にこの話をしたところ、女性はA4サイズのノートが入るようなバッグを持ち歩くことが少ない人もいるそうです。**バッグに入りやすい手帳サイズのノート**を購入して、それを振り返りノートとして活用している人もいました。

せっかく振り返りノートを購入しても、使用しなければ意味がないので、この女性のような工夫はとても良いと思います。

「振り返りノート」に書くべき内容

次に、振り返りノートに記載する内容ですが、項目としてはいたってシンプルです。

①日付
②今日学んだポイント
③気づいたこと
④より深く学びたいことや疑問点

まずはこの４点の内容を参考に振り返りノートをつけていきましょう。

何事も新しく始めるときのコツは、「心理的ハードルを小さくする」ことです。新しいことを始めるとき、誰しもが最初は意気込んで手の込んだ仕掛けをしがちですが、最初から意気込めば意気込むほど、計画が頓挫してしまうケースは往々にしてあります。

まだ脳が習慣化されていない状態でいきなり手の込んだことをしようとしても、めんどくささや取り組みづらさを感じ、脳が取り組ませようとしないのです。

私が以前、自分の早起きが苦手なことを克服するために、「早朝コンサルマラソン」と称して当時の受講生さんを巻き込んでコミュニティ化したことは、すでにお伝えしました。3週間の運営期間のおかげで、そこから私の早起きに関する苦手意識は克服できたのですが、今振り返ってみると、その早朝コンサルマラソン自体の仕組みが、とてもシンプルであったことも、継続できた要因の1つだと感じます。

そのコミュニティのルールはたった1つで、「朝7時になったらとりあえずSkypeをつなぐ」というものでした。

このシンプルなルールが非常に良かったのです。これが仮に、「前日の夜20時までに、明日の朝に扱うコンサルテーマを事前にメンバーに連絡する」などのルールが加わっていたとしたら、おそらくこのコミュニティは機能していなかったでしょう。

もちろん、事前に学ぶ内容をアウトプットするのは、コンサルティングとしては効果的なのですが、当時の最優先するべき目的は、「参加者に早起きの習慣を身につけさせる」というものでした。

その目的に照らし合わせたときの手段としては、前日の事前アウトプットはそこまで重要ではなかったのです。

できるだけ取り組むハードルを低くして、習慣化してきたら、徐々にハードルを上げていく。

振り返りを習慣化する

「振り返りノート」に書くべき内容

①日付

②今日学んだポイント

③気づいたこと

④より深く学びたいことや疑問点

まずは上記４つの項目について、１日５分間の振り返りから始めよう！

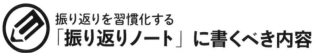

このような仕組みを設計することが長く続く秘訣なのだと、私は自分の体験から実感しました。

そのようなことを意識しているので、振り返りノートの構成もあえてシンプルにしています。

「振り返りノート」をつけるときのポイント

ここからは、振り返りノートの構成内容である4点について、順次ポイントを解説していきます。あなたも実際に振り返りノートをつけるときは、次のポイントに留意しながらノートをつけてください。

①日付

勉強した日付を記入しましょう

②今日学んだポイント

ここでは、あなたが今日の勉強で学んだポイントを整理していきます。

ここで大切なのは、学んだ内容のすべてを記載しようとしないことです。

繰り返しになりますが、勉強した内容のすべてを一字一句覚えているということは、私たち人間の脳の機能から言って、ほぼ不可能です。学ぶと同時に、その大半を忘却しているというのが、人間の脳のメカニズムだからです。

ここで書く内容は、勉強後にあなたの頭の中に残っている情報の中で、これがポイントだと思うことでかまいません。あなたが重要だと思うポイントを、振り返りノートに言語化するのです。

振り返りノートをつけるときまで鮮明に記憶に残っている内容は、何かしらの感覚や感情、気づきなどを伴うインパクトの強い学びです。

私もセミナーや勉強会で学んだ後には、「会社での仕組みを構築するには、〇〇と〇〇が重要である、その〇〇をするためにおさえなければならない点は、以下の3点である……」といったような形式で、学んだポイントを言語化しています。

私たちの脳には、「言語化することで思考が整理される」という特性があります。

振り返りをして言語化をすることで、同時にあなたの脳内の情報も整理されていきます。

ちなみに、1回5分という制限時間を設けているので、学んだポイントはそんなにたくさん言語化する必要はありません。書きたいことがたくさんあったとしても、できれば上位3つ以内に絞り、次の項目へと進みましょう。

③気づいたこと

次に記入するのは、気づいたことです。気づいたことまで整理してまとめることは、一般的にはほとんどすることがありません。

しかし、私たちが提供しているセミナーやコンサルティングでは、この「気づき」という概念をとても大切に扱っています。振り返りノートの中での最重要項目も、この「気づいたこと」です。

気づきとは、単なる情報の整理ではありません。情報の整理については、②の今日学んだポイントの中ですでに完了をしています。ここでの気づきとは、**ある種の感情や気持ち（場合によっては感動）などの、感覚が伴う学習内容のこと**を指します。

②で書く項目は、あくまでも外部からインプットした情報を整理して記入するもの

です。ここで言う気づきとは、それとはまったく異なります。その外部からインプットされた情報を受けて、自分の内面でどのような変容が起きたのかを見つめて、言語化することです。

実は、この「気づきをまとめる」という行為が、この振り返りノートの最大の特徴でもあります。

一般的な学習では、情報の整理をして終わりだというパターンが多いのですが、それでは本当の学習とは言えません。知識習得だけで終わってしまっている段階では、本当の意味で学習効果が高まっているとは言えないのです。

自分が何に気づいているのか、自分がどう感じているのかに気づくというのは、より高度な学習能力が求められます。

「自分の内面の変化に意識を向ける」

このような意識のことを脳科学的には**「リカーシブ意識（再帰性意識）」**と呼んでいます。

リカーシブ意識とは、自分ごととして捉える意識のことです。他者や外部ではなく、自分自身に意識を向けて、自分が何を感じているのか、何を求めているのか、今何に困っていて、どのようなことを課題として感じているのか。このように深く自分のことを見つめるのが、リカーシブ意識です。

そしてこれは、私たち人間だけが持ち合わせている非常に次元の高い意識なのです。普段から自分の内面の変化に目を向けていない人は、この段階で苦労するかもしれません。

しかし、脳の学習効果を高めるためには、繰り返し学習するとともに、「インパクト」という別の要素も必要です。

インパクトを高めるためには、気持ちや感情といった要素が必要なのです。それを私は「気づき」と表現しているに過ぎません。

気づきを書く際には、ただ単に情報を整理するという感覚ではなく、自分が何を感じているのかという内面の変化に意識を向けて、書き出していきましょう。

とは言え、気づきを書く習慣に慣れていない人にとっては、このステップは、難しいと感じるかもしれません。

参考までに、気づきを書き出すための質問を例として3つ示します。気づいたことが思い浮かばない人は、この質問を参考にしながら気づきを書き出してみてください。

◆Q　今回の勉強から、いったいどのようなことに気がつきましたか？
◆Q　感じたこと、実感したことはどのようなことでしょうか？
◆Q　ひらめいたことやアイデアがあるとすれば、どのようなことでしょうか？

これらの質問はすべて、あなたの内面の変化に意識を向ける内容となっています。気づいた内容をしっかりとこの項目で言語化していきましょう。

④より深く学びたいことや疑問点

振り返りノートの最後の項目は、より深く学びたいことや疑問点についてです。この項目を書くことにも、いくつかの意味があります。

1つは、今後の学びの備忘録として活用できるという点です。毎日の勉強をしていく中で、より深く知りたいことや、その日の勉強では解決できなかった疑問点が必ず出てきます。それを言語化しておくと、振り返りノートを見返したときに、「あっ！

まだこの部分は自分の中で明らかになっていないな!」とチェックすることができます。備忘録的なメモを残しておくことで、より学びの内容が充実されていきます。

次回以降の勉強に取り組む「意欲」を生み出す秘策

さらに、次回以降の勉強に取り組む意欲も、この④の項目で生み出しやすくなります。

これから自分がより深く学びたいことを言語化することで、自主的で意欲的な勉強ができるのです。

人間は、興味関心のある分野を最も意欲的に学びます。時計が好きな人は、こちらが時計の勉強をしてくださいなどと言わなくても、勝手に時計についての学びを深めます。

このような状態を、勉強でもつくれることが理想です。「もう○○の勉強がしたくてたまらない！」という状態をつくり出すことができれば、あなたは誰から言われなくとも進んで勉強の時間を確保するでしょう。モチベーションも高まっているので、勉強中のパフォーマンスも高いことが容易に想像できます。

そのためにも、ここでは「より深く学びたいこと」という点を言語化し、あなたの勉強に対するモチベーションをかり立てる工夫をしています。このような項目を振り返りノートで言語化しておくことで、明日以降のあなたの勉強に対するモチベーションを高める工夫が施されているのです。

以上、４つの振り返りノートについての記入項目のポイントでした。

まずはこの４つの項目に従い、「勉強後の５分間」を意識して取り組んでいきましょう。脳の中で情報が整理され、その効果が実感できることと思います。

就寝前の時間の使い方

振り返りノートを読み返すタイミングですが、私は就寝前に振り返りノートを読み返すようにしています。

これは、脳科学的な観点から考えても効果的です。

脳は、寝ている間に情報を編集し、整理してくれます。よく、朝起きたらアイデアがひらめいたという人がいますが、それも脳のメカニズムから言えば、寝ている間の編集機能が関係しています。普段から悶々と考えていることを寝ている間に脳が情報の整理をして、効果的なアイデアへと昇華させてくれたのです。

そのため、振り返りノートも就寝前に読み返すことで、寝ている間すらも脳が効果的に学習をしてくれます。

まさに、睡眠学習です。

ちなみにこのとき、**聴覚タイプの人**は、振り返りノートの内容を音読しながら読み返すと効果的です。音読は、自分の聴覚をフル活用する行為です。聴覚タイプの人は聴覚を活用することで自分ごと化が促進されやすいので、ぜひ音読をして振り返りノートを活用していきましょう。

視覚タイプの人は、そのまま黙読をするだけでもかまいませんが、特に重要だと思う箇所はアンダーラインなどを引いて強調したり、重要だと思う箇所はペンの色を分けておくなどすると、視覚的にもひと目で学んだ内容が整理されて捉えることができます。

視覚タイプの人は、「目で見て直感的にわかる」という状態を構築しておくことが、効果的な学習のためにはとても重要です。

身体感覚（触覚）タイプの人は、実際に読み返している箇所を手でなぞってみるといった方法も効果的です。

それから、勉強中に特定のリズムを刻んでいる人は、振り返りノートを見直しているときにもそのリズムを刻むといいでしょう。

私のセミナー受講生の中には、右手をグルグル回しながら読み込むとアイデアがひらめきやすい人がいます。なかなか人前ではそのような行為はしにくいかもしれませんが、就寝前なら気にせず実施することができます。

身体感覚（触覚）タイプの人は、身体の動きも活用しながら振り返りノートを見返していきましょう。

なお、この**振り返りノートを見返す時間は、5分程度でOK**です。

そして、振り返りノートを見返しているときは、必ずペンを持ってメモができる状態にしておいてください。

というのも、よくあるケースですが、振り返りノートを見返している最中に、新たなひらめきが生まれる可能性が非常に高いからです。

脳がせっかくアイデアを出してくれている、そのチャンスを逃さないためにも、必ずペンを片手に持ちながら、振り返りノートを読み返していきましょう。

枕元にはポスト・イットを用意する

起床直後というのは、アイデアがひらめきやすい時間帯でもあります。先ほども言ったように、**脳が寝ている間に情報を編集してくれている**からです。

しかし、たいていの場合は、そのひらめきというのは一瞬で、後でメモしようと思ったときには忘れてしまうものです。

脳の司令塔である**ワーキングメモリの記憶は20秒しか持ちません。**ひらめいたアイデアをメモするときに、急いでリビングにあるバッグからノートを取り出し、筆記用具を持ってノートに書こうとする……としたときには、ワーキングメモリから記憶が飛んでしまっている可能性がおおいにあります。

そのような状態を未然に防ぐためにも、枕元にポスト・イットとペンを置いておいて、いつでもアイデアがメモできる状態を構築しておきましょう。

また、デジタル機器が発達した現代においては、「スマホにメモする形でもいいんじゃないか？」という疑問を持たれる人もいると思います。

まず、結論から申し上げると、メモをするという目的を果たせるのであれば、それがスマホであろうがポスト・イットであろうが、どちらでもかまいません。

しかし、子どもの教育上、寝室にはスマホを持ち込まないという親御さんもいらっしゃいます。

私も、中学生のお子さんがいらっしゃるお母様にセミナーでお話を伺ったことがありますが、自分の子どもには寝室にスマホは持ち込ませないように伝えていると言っ

急なひらめきが大事！

枕元にポスト・イット&ペンを置いて寝る

ポスト・イットとペンを枕元に置いて、急なひらめきにも対応できる。

ていました。もちろん、そのお母様も寝室にはスマホを持ち込んではいません。

就寝前にスマホを見ることで、睡眠の質が低下するという研究結果も出ているくらいです。

そのような背景を考慮した結果、この項目ではあえてポスト・イットという方法でメモを取る方法を推奨しています。

アウトプット思考で、学習効果を加速させる

学んだ内容をより定着させるには、アウトプットすることが肝心です。

アウトプットをすることで思考が整理され、学習内容の定着が飛躍的に加速します。

よく、「学んだ内容を人に教えているときに、自分の学びが最も促進される」というようなことが、人材教育の現場でも言われます。

社員が研修やセミナーなどに参加したときには、そのアウトプットを兼ねて朝礼な

どで発表をする機会を設けている企業もあります。

なかには、個人でブログを開設して、そこで学んだ内容をアウトプットしている人もいます。

とてもすばらしい取り組みの1つです。

では、なぜ人に話すなどしてアウトプットの場を設けることにより、学習内容が定着していくのでしょうか?

これには、いくつかの要因があります。


1つは、**「学習内容の再構築が起きる」**ということです。

学んだ内容をアウトプットするときには、どのように人に伝えたらわかりやすいのかを念頭に考えるため、学んだ内容をいったん自分の中で整理する必要が出てきます。

そして、その中から取捨選択をしたり、伝える順番を組み合わせたりすることで、人に伝わりやすい順序を考えて学習内容の再構成をします。

この学習内容の再構築こそが自分ごと化を促進し、学んだ内容が深い長期記憶として定着します。

また、ただ単に長期記憶化されるのだけではなく、点と点で点在していた情報を線で結んだり、面に仕上げるといった作業もこのプロセスで行なうため、自然と構造化学習も促進されるのです。

アウトプットが学習内容を促進する2つ目の理由は、**「わからないことがわかる」**という点です。

アウトプットをするために情報を整理していると、「あれ？　ここはきちんと把握していると思ったのに、まだ全然わかっていないなぁ……」というケースが多々出てきます。

この気づきが、とても重要なのです。

学ぶことの本質は、「わからないことがわかること」だと私は考えています。わからないことがわかるから、私たちは学び続けることができるのです。「この部分はまだ理解が浅いから、もっと深く勉強しよう」と意欲を持ち続けることができるのです。

そうして、あなたの知識や知恵がどんどん多角的に広がっていき、人間としての器が拡がっていきます。これこそが学ぶことのおもしろさであり、また本質の1つであると私は考えています。

例えば、ある資格試験の勉強をしようと思ったとき、最初は何がわからないのかすらもよくわかりません。その試験に必要な知識の全体像もわかりませんし、細かい専門知識についてももちろんわかりません。

新しい分野を学ぼうとするときには、本当にゼロからのスタートなのです。

しかし、徐々に学習を深めるにつれて、自分にとって得意な分野も発見できたり、逆に苦手な分野も出てきたりします。まだまだ学習が浅い部分があることにも気づくでしょう。

このプロセスを体験していくことで、学びのスピードは飛躍的に加速されていきます。

そのための効果的な方法の1つが、アウトプットを積み重ねるということです。アウトプットを積み重ねることで、わからないことがわかり、そのわからないところを補うための学習をさらに積み重ねることができるのです。

アウトプットするためのコミュニティを持つ

アウトプットするためには、アウトプットができるコミュニティに所属していると、さらに効果的です。

このコミュニティは、自分でつくってもかまいませんし、すでにあるどこかのコミュニティに所属する形でもかまいません。

自分でコミュニティを立ち上げた場合は、情報発信の自由度が高いのと、自分が主体となって勉強会などの企画を立ち上げやすいというメリットがあります。

しかし、コミュニティの運営に必要以上のエネルギーや時間をかけるのはデメリットなので、それが面倒だと感じる人は、すでにあるコミュニティに所属することを推奨します。

同じ志を持つコミュニティに所属することには、さまざまなメリットがあります。

まず1つ目は、第3章でもお伝えした**「代理経験が得られる」**というものです。

同じコミュニティに属する仲間の経験を代理経験することにより、あなたの自己効力感も高まります。自己効力感は、いわばモチベーションの源泉です。コミュニティに属していることが、そのままあなたのモチベーションを高めることにもつながるのです。

これは、一人で勉強していては、決して得られない効果です。一人で勉強をしていると、孤独感にさいなまれる瞬間があります。このままの勉強方法で、本当に自分はいいのだろうかと不安になり、自分の勉強の進捗状況も適切に把握することも難しくなってきます。

そのときに、同じコミュニティに属する仲間がいれば、共に情報を共有して切磋琢磨できます。これが、コミュニティのすばらしさです。

コミュニティの2つ目のメリットは、**「相互メンターの役割が発揮できる」**ということです。

コミュニティに属する仲間同士が、お互いのメンターになり得るのは、コミュニティがもたらす大きな効果です。

あなたが迷ったときは、もちろんコミュニティの仲間にアドバイスを求めることができます。これだけでも非常に心強い存在です。

それ以上に大きなメリットは、あなた自身もメンターとして仲間の相談に乗ってあげることで、学んできた内容がより自分ごと化されていくことです。

学習内容が最も定着するときは、アウトプットするために学習内容を再構築しているときです。コミュニティに属するとは、その再構築の機会を手に入れることにもなります。

友人や知人など、まわりに同じ目標を志す人がいない場合は、インターネット上でもいろいろと検索をかけてみてください。直接会う機会はなくても、そのようなコミュニティに属していることで得られる情報もたくさんあります。

また、まだ小学生や中学生などの子どもがいるご家庭であれば、両親にアウトプットする機会を持つというのも有効な方法の１つです。

家族は、この世で最小単位のコミュニティであり、かつ心理的にも安全が確保されている場です。親御さんが時間をつくって、子どものアウトプット相手となってあげることで、子どもは喜んでアウトプットをしてくれます。そのアウトプットをしている最中に、本人の脳の中では情報の再構築が起きているのです。

タイムテーブルを修正する

振り返りをするときに忘れてはならないのが、タイムテーブルの修正です。レディネス学習のところでタイムテーブルを作成している人は、勉強した後にタイムテーブルを修正しましょう。

タイムテーブルの修正パターンは、大きく4つあります。

◆計画どおりに進んでいて、結果も良好――修正パターン①

パターン①は、計画どおりに勉強も進んでいて、結果も出ているというパターンです。

このパターンの場合、特段何か修正する必要はないように思われるかもしれませんが、それは違います。

計画どおりに勉強が進んでいて結果も良好なときには、「なぜうまくいっているのだろうか？」と自問して、あなた自身の成功要因をまとめ上げることが大切です。あなただけの成功ノウハウを、ここでしっかりとつかむのです。

この成功ノウハウが、あなたの貴重な財産になります。

箇条書きでもかまいませんので、成功した要因をしっかりと言語化しましょう。成功ノウハウをつかんでおくことができれば、再現性が高まります。いつでも同じパフォーマンスを発揮することができるので、常に高い成果を手に入れることが可能となります。

◆計画どおりに進んでいるが、結果は出ていない——修正パターン②

２つ目のパターンは、計画どおりに進んではいるけれど、結果は出ていないというパターンです。

このパターンの場合は、そもそもの計画を見直す必要があります。計画の再構築が必要になるのです。

ただそのときに、闇雲に計画を修正しても、今回の二の舞いになる可能性も否めません。計画を修正する際には、何かしらの基準が必要です。

私がオススメする、このパターンに陥ったときに実践している計画の修正方法は、ずばり「お手本や相互メンターの人にアドバイスを求める」です。

このパターン②に陥っている場合は、自分の脳にあるデータだけで計画を修正しようとしても、再び同じ落とし穴にはまってしまう可能性が非常に高いです。

自分ではこれで良かれと思ってタイムテーブルを作成したのに、それがうまく機能していないということですから、そもそも自分の脳の中にはうまくいくためのデータが備わっていない可能性が高いのです。

その場合は、自分一人ですべての問題を解決しようとするのではなく、お手本や同じコミュニティの相互メンターにアドバイスを求めましょう。

もし身近にそのようなアドバイスを求められる人がいない場合には、インターネットや書籍から情報を得ることも効果的です。

自分一人で悩むと、出口の見えない迷路に迷い込んでしまいます。必ず誰かの力を借りることを意識しましょう。

◆計画どおりに進んではいないが、結果は良好――修正パターン③

次のパターンは、計画どおりに進んではいないが、結果は良好というパターンです。あまり見られないケースですが、なかにはこのようなケースもあります。

「計画どおりに進んでいなくても結果が出ているなら、結果オーライでいいじゃないか」と思われる人もいるかもしれません。

しかし、それは誤りです。

このパターンの場合、何が怖いかと言うと、再現性が低く、この後の結果が読みにくいというリスクを抱えるのです。もしかすると、たまたま今回は結果が良かっただけのまぐれ当たりかもしれず、次回も成功の保証があるとは限りません。

そのため、計画どおりに進んでいない要因を特定し、今後の対策を練りましょう。

私の経験上、このパターンに陥っている要因は、主に２つです。

１つは、物理的な時間が不足しているケース。

この場合は、バッファーを見積もった計画を策定し直し、計画自体にゆとりを持たせる必要があります。

もう1つは、第3章でお伝えしたレディネス学習が不十分なケース。

勉強中のノウハウだけに目が向いてしまっている可能性があります。レディネス学習をしっかりと行ない、勉強中のパフォーマンスを最大化できるよう努めましょう。

◆計画どおりに進まず、結果も出ていない——修正パターン④

最後のパターンは、計画どおりにも進んでおらず、かつ結果も出ていないというケースです。

この場合は、根本的な見直しが必要です。本書の第2章以降を読み込み、改めてタイムテーブルを作成していきましょう。

巻末の読者限定特典URLでダウンロードできるタイムテーブル作成のフォーマットも活用しながら、ぜひもう一度勉強の計画を策定する時間を確保してください。

以上が、タイムテーブル修正の4パターンと、その対策になります。

修正を図ることで、さらに効果が高まる！

タイムテーブル修正の4パターン

パターン	対応策
計画……○ 結果……○	成功ノウハウをまとめ上げ、再現性を高める。
計画……○ 結果……×	お手本やメンターをモデリングする。
計画……× 結果……○	・バッファーを見積もったタイムテーブルを再度作成する。 ・レディネス学習を実施する。
計画……× 結果……×	・本書の第2章を読み直し、ワークを実施する。

なお、「タイムテーブルの修正は、いつすればいいんですか？」という質問をよくいただきますので、お答えします。

もちろんベストは、毎回の勉強の後にタイムテーブルを修正することです。

しかし、本書をお読みのあなたがビジネスパーソンであれば、なかなかそこまでの時間は取れないというのが実際のところでしょう。

そこで私がオススメしているのが、「週末の時間を利用してタイムテーブルを修正する」方法です。

この方法であれば、平日が忙しいビジネスパーソンの人でも、比較的落ち着いてタイムテーブルを修正し、今後の計画を練ることができます。ぜひ参考にしてみてください。

世界一幸せな国デンマークで学んだこと

ここまで、あなたの脳力を最大限に活用しながら、勉強での成果を最大化するノウハウについてお伝えしてきました。

本書でお伝えするメソッドを習得し、実践すれば、あなたはこれまでの何倍もの成果を勉強で手に入れることができるでしょう。本書でお伝えしたノウハウを活用してあなたが自己実現をしていくことは、私にとってもとても喜ばしいことです。

この章の最後に、私があなたにお伝えしたいことがあります。

それは、私が２０１７年の10月に訪れた、世界一幸せな国と呼ばれるデンマーク視察で得た気づきです。

当時、私自身の視察テーマの１つは、まさに「教育」にありました。

弊社が人財教育事業を展開していることもあり、日本と比較しても非常に高い生産性を誇るデンマークの教育システムを把握したかったのです。経営者の方々と話していてもよく感じることですが、日本の教育事情を憂いている人は、とても多いのです。新聞やニュースを見ていても、日本の教育システムに対する批判は、数多く見られます。

しかし、私はそんな状況に、以前から疑問を持っていました。

「果たして、本当に日本の教育は悪い点ばかりなのか？」と。「世界と比較したときに、そんなに劣っているのか」と。

多くの人は、ポジティブな情報よりもネガティブな情報を好き好んで求めます。実際、お茶の間を毎日のように賑わすのは、スキャンダルや企業の不正関係など、ネガティブなテーマばかりですよね。

そのようなネガティブな話題性に富むニュースのほうが、多くの人の興味を惹きつけるからです。

マスメディアはそのような大衆の心理特性をわかっているので、ネガティブな情報を多く配信することで、プロパガンダ（国家的洗脳）をしています。

そしてこれは、教育についても同じことが言えます。

多くのマスメディアが、日本の教育についてネガティブな批判をすることで、聴衆の注目を集めようとしています。

しかし、いくら批判をしても、そこにイノベーションは生まれません。

「批判ではなく、提案を」

私はいつもこの言葉を胸に、日々の仕事と向き合っています。

そのためにも、日本という閉鎖的な視点ではなく、世界に目を向けることが大切だと以前から感じていました。

そのタイミングで、２０１７年10月当時のデンマーク視察。私にとっては非常にタイムリーな時期で、迷わず１週間の視察に行くことを決断しました。

視察中の毎日が刺激的な学びの連続で、帰国後もデンマークで学んだ情報をあらゆる場でアウトプットしました。まさに、本書で伝えしているアウトプット思考です。

ちなみに、デンマークの１人当たり生産性は、世界第９位（２０１５年現在）です。それに対して、日本は世界第20位（同じ２０１５年現在）。

具体的な数字に置き換えると、デンマークは日本に対して１人当たり約１４０％の生産性を誇ります。

さらに、国連が統計を出している「世界幸福度ランキング」でデンマークは、２０１３年、２０１４年、２０１６年に第１位にランクインしています。

日本は毎年約50位前後ですから、この数字からも比較しても、デンマークとは大きな開きがあるように考えられます。

たしかに、この数字だけを見るとデンマークはすばらしい国のように思えます。しかし、決してそうではありません。

他国と比較して現状を嘆くのではなく、日本には日本のすばらしい部分がたくさんあります。

私は今回の視察で、そう確信しました。その上で、これからの日本に求められる教育とはどのようなものなのかというヒントを、おぼろげながらつかんだようにも感じています。

ひと言で言うと、それは**「詰め込み型教育から創造型教育への転換」**です。

この章の最後には、私がそのことを実感したデンマークでのエピソードをお伝えしたいと思います。

「もりの幼稚園」から見えた、教育の未来

私がデンマーク初日に訪れた場所は、「もりの幼稚園」と呼ばれる幼稚園でした。

もりの幼稚園とは、デンマークで1952年に誕生した幼稚園のことを指します。2歳8カ月以降から入園でき、義務教育が開始される6歳頃までの子どもを対象とした教育機関です。

もりの幼稚園でまず驚くべきことは、時間割がほとんど決められていないというこ

とです。

時間割が決められていないため、園生である子どもたちは森の中で１日中遊びつくし、その遊びの中からさまざまな学びを得ることを教育方針としています。

その一風変わった教育方針は、近年日本でも大きな注目を集めています。日本でも、もりの幼稚園の考え方を普及させる活動は盛んになってきました。デンマークはもりの幼稚園発祥の地ということもあり、全国に約５００園のもりの幼稚園が運営されているとのことです。

もりの幼稚園で行なわれていることは、シンプルに表現すると、たったの１つです。

「自然の中で徹底的に遊び尽くす」

もう本当に、これだけです。

先ほどお伝えしたように、幼稚園には時間割もありません。日本で言う国語だとか、音楽だとか、算数だとか、そんな教科もありません。

本当に、ただただ自然の中で子どもたちは満足いくまで遊び尽くすだけなのです。

私も含めて、今回の視察で初めてもりの幼稚園を訪れた人の多くは、日本の幼稚園との教育スタイルのあまりの違いにカルチャーショックを受けていました。

さらに驚くことに、時間割がまったく存在しないにもかかわらず、約15年前にデンマークで行なわれた調査では、「もりの幼稚園を卒園した生徒は、一般的な幼稚園を卒業した生徒と比べて、集中力が高い傾向が見られる」という調査結果も出ているそうです。

日本で中心となっている、知識詰め込み型の教育という背景を考えると、その違いは浮き彫りとなります。

また、もりの幼稚園は、経済的な側面から考えても、非常に効果的な仕組みを構築しています。

まず、保護者の費用負担についてですが、日本円で毎月約4・2万円を月謝として納めています。この月謝が、保育士の人件費などに充てられます。

ただ、実際のところは、国が子ども手当を保護者に支給しているため、実質の保護者の費用負担はほぼゼロに近いとのことです。

それだけではありません。

保育士の人件費を賄うために、保護者が支払っている約3倍の費用を、各自治体が負担しています。そのため、保育士の初任給は、日本では考えられないほど高い水準です。

いったい、いくらだと思いますか？

これは、実際にもりの幼稚園で働いていた保育士の女性がおっしゃっていたのですが、初任給は「約50万円」とのことです。

日本の2倍以上の給与です。

もちろん、デンマークは税金が高いので、そのうちの半分は税金として納めることになりますが、その税金も社会福祉などにしっかりと循環されているので、国民はそれに対して不満を持ちません。

さらに、待機児童問題も、デンマークにはありません。

このように、もりの幼稚園から学ぶことは、たくさんありました。そして、私はここで得た学びが、教育の現場はもちろんのこと、現在の企業活動にもヒントになると確信したのです。

日本の2分の1の労働時間で、日本の140%の生産性を誇る秘密

デンマークは、日本と比較した場合、1人当たり約140%の生産性を誇っているとお伝えしました。

しかも週の労働時間は、37時間以内だと決められています。日本の場合、残業時間も含めると、労働時間は約2倍の60時間と言われていますから、デンマークが非常に高い生産性を発揮していることはこの数字からもおわかりいただけます。

なぜ、労働時間は週37時間と短いのにもかかわらず、日本人よりも高い生産性を発揮できるのか?

デンマークを訪れる前から、その疑問は私の頭から離れませんでした。

そして今回、もりの幼稚園を視察してみて、その疑問に対するヒントの1つがもりの幼稚園にあると確信しました。

それは、**「チーム力が創造性を育む」**ということです。

子どもたちは、もりの幼稚園で徹底的に遊びつくすことで、「チームで活動する」という感覚が自然と養われています。

「他の子と一緒に遊んだほうが楽しい！」と感じ、自然とチーム活動や協働する姿勢が身につくのです。

私たちが訪れたもりの幼稚園でも、ほとんどの子どもたちが2人以上のグループで遊んでいました。

先ほども申し上げたように、もりの幼稚園に時間割は存在しません。

そのため、保育士の役割は、何かを「教える」ことではなく、子どもたちを「見守る」ことです。

保育士が見守る中で、子どもたちは自分たちで自由に遊び方を創造していきます。

どうしたらみんなで楽しめるかを考え、その過程の中で自分以外の子どもたちと協働していきます。

まだ幼い子同士だと、自分の欲求を優先するあまりケンカになることもありますが、そのような場面でも先生が介入することは滅多にありません。

幼い子どもたちがケンカをしていたら、それよりも年長の子どもが仲裁に入るからです。

そして、お互いの言い分を踏まえた上で、双方が楽しめるような全体最適な遊び方を提案してくれるのです。

そんなお兄さんお姉さんの姿を見て育つ子どもは、いざ自分が年長になったときにも、自然と自分よりも年下の子どもたちの面倒を見てくれるというわけです。

私たちが思っている以上に、子どもたちは主体性をもって考えながら遊んでいました。子どもたちは、私たちが想像している以上に、大きな可能性を秘めているのです。

逆に、これが先生によってガチガチに固められたカリキュラムであれば、ここまでの創造性を発揮することはできないでしょう。

「先生が見守るだけの役割って、危なくないの?」と思われる人もいるかもしれませんが、そのような心配もありません。

今回の視察で私たちが訪れたもりの幼稚園は開園12年目でしたが、救急車を呼ぶような大きな事故は一度も起きていないとのことです。

先生が介入することは、「安全のため」と言えば聞こえはいいかもしれませんが、それが逆に子どもたちの創造性を阻害している可能性もあるかもしれません。

ちなみに、このような教育方針は、もりの幼稚園に限ったことではありません。

もりの幼稚園を訪問した日の午後には、地域の義務教育学校（6歳～15歳）も視察をしてきました。

その学校でも、生徒同士でチームを組んでプロジェクト活動をしたり、校内の至るところに生徒同士がワークをできるスペースが設けられていました。

ここでも、「チーム力が創造性を育む」という一貫したデンマークの教育方針を垣間見ることができました。

チームで生産性を上げる3つの方針

現在、日本の多くの企業でも「チームで生産性を高める」ということが課題の1つとなっています。

特に人財的にも資金的にもあらゆる側面で制約のある中小企業の場合は、「チームでパフォーマンスを高める」という考え方が必要不可欠です。

しかし、いったいどれだけの企業がこの考え方を体現できているでしょうか？

チームで仕事をするとは言いつつも、そのほとんどは独立した社員の集合体となっているように感じます。

なぜ、そのような事態に陥ってしまうのでしょうか？

その要因の多くは、チームで仕事をするといっても、結局それは単なるテーマであって、「具体的な指針」が示されていないからだと私は感じています。具体的な指針が示されていなければ、どのようにチームで仕事をすることを体現したらいいのかもわかりません。

私も含めて、これは経営者やマネジメント側の責任にあると、今回の視察では痛感しました。

デンマークでの学びを得て、チームで生産性を高めるために、私は下記3つの方針を社内やクライアント企業と共有をしていこうと考えています。

①対話をする機会を増やす

②お互いのクセや特性、パターンを把握する
③相互の役割を自覚してチーム編成をする

この３つの方針です。

取り組む順番も、①～③の順番です。


まずは、徹底的に対話の機会を増やす。

仕事以外の場面でも意見交換をする機会を増やし、相手の考え方や思考パターン、強みや弱みを把握する。

その上で、ベストな役割を自覚してもらい、全体的に最適になるようチーム設計をする。口で言うのは簡単ですが、実践するのは大変です。

相手のことを把握していると思っても、たいていの場合、それは表現上の理解にしか過ぎません。

その勘違いが、チームのパフォーマンスを大きく低下させるのです。

まさに、「言うは易く、行なうは難し」です。

しかし私は、この課題に立ち向かい、今回の学びをＰＤＣＡを回しながら実施し、改善を重ねていきます。

日本の教育も、そして日本企業飛躍のヒントも、私はこの「チーム力」というキーワードにヒントがあるように感じています。

本書でもコミュニティの重要性については繰り返しお伝えしてきましたが、海外の教育事情を知れば知るほど、その想いが強くなるばかりです。

デジタル機器が発達した現代、人々は10年前よりも誰とでもつながることが容易になりました。

しかしその一方で、一人ひとりとのつながり度合いが希薄化し、逆に孤独感にさいなまれる人が増えているという矛盾も、私は感じています。

勉強でも仕事でも、一人で達成する世界もすばらしいものです。

しかしそれ以上に、志を同じくするチームで達成する世界も、それと同じかそれ以上にすばらしい世界が待っています。

このチーム力をヒントに実践した気づきや学びを、またあなたにご報告できる機会を楽しみにしています。

おわりに

本書で扱っている「学び方」というテーマは、私たちが日々当たり前に実践している行為です。

しかし、当たり前に実践しているからこそ、その大切さや尊さにはなかなか気づかず、日頃改めて考えることもそうはありません。

人間の能力やスキルは、頭の善し悪しで決まるものではありません。持って生まれた才能も、人生を決めるわけではありません。たとえどんな人であっても、効果的な学び方を身につけて実践すれば、飛躍的な成長を遂げることができます。

明日からのあなたの人生を変えてくれる最高のギフトが、私たち人間に与えられた「学ぶ」という行為なのです。

学ぶことのおもしろさに気づき、自分の可能性を拡げてくださるキッカケに本書が

少しでもお役に立てれば、著者としてこんなにうれしいことはありません、

また、本書は決して私一人の力で書き上げることができたわけではありません。本書を執筆する過程の中で、たくさんの方々のサポートをいただきました。

まずは、弊社会長であり、文字どおり私の人生を180度変えていただいた人生の師匠でもある石川大雅氏に、心より感謝を申し上げたいと思います。石川会長との出会いがなければ、本書が日の目を見ることも叶いませんでした。石川大雅氏の奥さんであられる才乃さんにも、さまざまな面でサポートをしていただきました。お2人には、感謝をしてもしきれません。

また、本書執筆のご縁をいただいたフォレスト出版の皆さんには、非常にタイトなスケジュールの中、根気強いサポートをいただきました。深夜まで編集作業に携わってくださり、とても心強く支えていただいたことが印象的です。

これまでにかかわらせていただいたクライアント企業や受講生さんにも、本書執筆中のさまざまな場面で助けられました。私自身のコンサルティングやセミナー現場での経験はもちろんのこと、皆さんから頂戴した数多くの事例があったからこそ、本書

の内容もより実践に即した内容へと仕上げることができました。

　そして、いつも励ましの言葉をくれる両親へ。あなたたちの子どもに生まれて、私は本当に幸せ者です。あなたたちから授かったこの人生を、これからよりいっそう社会に役立てていくことで還元していくことが、何よりの恩返しだと信じて突き進んでいきます。

　その他にも、ここには書ききれないほど多くの方々からのサポートがありました。改めて、感謝の意を表したいと思います。

　そして何より、本書を読んでいただいているあなた。

　ここまでお読みいただき、心より感謝を申し上げます。これからの激動の時代は、まさに学ぶという行為の連続です。

　その最中に本書を手に取っていただけたことは、何かきっと意味があることだと思います。

　学び続けてお互い成長した姿で、あなたとお会いできることを楽しみにしています。

２０１８年１月吉日

小沼勢矢

【著者プロフィール】
小沼勢矢（こぬま・せいや）
株式会社プロ・アライブ代表取締役社長。コンサルタント。
都内ベンチャー企業でのセールス職を経験し、23歳で起業。しかし、売り込みを前提とした見込み客とのコミュニケーションに違和感を覚え、独立後も「やりたいこと」と「儲かること」の不一致に頭を悩ませる日々が続く。そのような状況のなか、日本トップクラスの脳科学コンサルタント石川大雅氏から教えを受け、「実践的脳科学メソッドを体系化したオリジナルメソッドの開発により、3週間で約4500万円の売上達成」などの成果を達成する。現在は、「世界平和人材の育成」というビジョンに基づき、コンサルティング、セミナー、会員制サービス、学生教育など複数の事業を石川大雅氏とともに多面的に展開している。

◎株式会社プロ・アライブ HP　http://www.pro-alive.jp/

自分の脳に合った勉強法

2018年2月20日　　初版発行

著　者　小沼勢矢
発行者　太田　宏
発行所　フォレスト出版株式会社
〒162-0824 東京都新宿区揚場町 2-18　白宝ビル 5F
電話　03-5229-5750（営業）
03-5229-5757（編集）
URL　http://www.forestpub.co.jp

印刷・製本　中央精版印刷株式会社

ISBN978-4-89451-790-5　Printed in Japan

自分の脳に
合った勉強法

読者の方に限り
特別プレゼント

ここでしか手に入らない貴重な情報です。

あなたの勉強力を上げる！
ワークシートセット

（PDF ファイル）

著者・小沼勢矢さんより

本書の中で、いくつかのワークやツールをご紹介しました。それらにご活用いただけるワークシートをご用意しました。本書の読者限定の特別プレゼントです。ぜひダウンロードして、あなたが合格を目指す試験勉強にお役立てください。あなたの夢や目標が叶うことを心から願っております。

特別プレゼントはこちらから無料ダウンロードできます↓

http://frstp.jp/konuma

※特別プレゼントは Web 上で公開するものであり、小冊子・DVD などをお送りするものではありません。
※上記無料プレゼントのご提供は予告なく終了となる場合がございます。あらかじめご了承ください。